C.H.BECK ■ WISSEN

in der Beck'schen Reihe

W0083658

Was wissen wir über die Engel? Woher stammt dieses Wissen? Halten die Vorstellungen von Natur und Wirken der Engel skeptischer Nachfrage stand? Sind die Engel Chiffren für die Hintergründigkeit des menschlichen Daseins?

Dieses Buch gibt auf knappem Raum Auskunft über die Engel-Überlieferung, nennt die Quellen, beschreibt Formen und Wandel der christlichen Engelvorstellungen – von den Erzählungen der Bibel über die großen Lehrgebäude der mittelalterlichen Theologen bis zu den Reformatoren, Aufklärern, Visionären und Dichtern der Gegenwart.

Heinrich Krauss, promovierter Jurist, Philosoph und Theologe, arbeitet als Redakteur und Drehbuchautor, z. Zt. befaßt mit der Verfilmung der Bibel. Veröffentlichungen bei C. H. Beck: „Was Bilder erzählen" (⁴1998), „Geflügelte Bibelworte" (²1998) sowie „Kleines Lexikon der Engel" (²2002).

Heinrich Krauss

DIE ENGEL

Überlieferung, Gestalt, Deutung

Verlag C.H. Beck

Mit 8 Abbildungen

1. Auflage. 2000
2. Auflage. 2002

3. Auflage. 2005

Originalausgabe
© Verlag C. H. Beck oHG, München 2000
Gesamtherstellung: Druckerei C. H. Beck, Nördlingen
Umschlagabbildung: Unter Verwendung einer Mosaikdekoration
der Kathedrale von Cefalù
Umschlagentwurf: Uwe Göbel, München
Printed in Germany
ISBN 3 406 44735 X

www.beck.de

Inhalt

Einleitung

Im weitverbreiteten Mißtrauen unserer Tage gegenüber allen Lehren von einer übersinnlichen Welt gibt es eine Ausnahme, bei der sich die allgemeine Skepsis mit Bedauern mischt. Trotz der Zweifel an ihrer Existenz haben es die Engel geschafft, sich ihre Anziehungskraft und Beliebtheit zu erhalten. Nicht nur, daß es augenblicklich auf dem deutschen Buchmarkt an die zweihundert lieferbare Engelbücher gibt. In der Weihnachtszeit quellen die Läden über von Engeln als Baumschmuck und als Motive für Grußkarten.

Auch ist die heutige Rede voll von Anspielungen auf die Engel. Sie sind Symbole des Friedens wie etwa der Münchner Friedensengel, der 1895 zur Feier einer fünfundzwanzigjährigen Epoche ohne Krieg aufgestellt wurde. Man spricht von einem Unschuldsengel und einem rettenden Engel, vom blauen Engel, „von Kopf bis Fuß auf Liebe eingestellt", oder von den eiskalten Engeln des Bösen. Meist sind die Engel aber Sinnbild der reinen kindlichen Unschuld und der vollkommenen Schönheit bei Menschen und Dingen. So hat z.B. der Autohersteller Rolls-Royce sein repräsentativstes Fahrzeug „Silver Seraph" getauft, um jene Mischung aus Eleganz und Luxus, Leistung und Komfort zu symbolisieren, die in den Augen des Käufers einen Preis von 150000 Pfund aufwärts rechtfertigt.

An Engelerscheinungen als Bruch in der Kontinuität der Alltagswelt erinnert die Redeweise vom „Engel, der durch das Zimmer gegangen ist", dann, wenn in einer Gruppe das lebhafte Gespräch plötzlich verstummt und ein Augenblick der Stille entsteht. Es war deshalb ein guter Einfall, wenn zwei Künstler – Jakob Gautel und Jason Karaindros – sogar einen „Engeldetektor" erfanden und 1997 in Prag auf einer Ausstellung vorstellten. Das Gerät registriert nichts anderes als Ruhe. Je leiser es im Raum ist, desto heller erstrahlt das Lämpchen hinter der Glasvitrine. Sobald es vollkommene Stille anzeigt, darf man annehmen, daß nun die Engel vorbeischweben.

Auch als Beschützer der Erdenbewohner gelten die Engel, so daß bei einer ungewöhnlichen Bewahrung vor Schaden im Straßenverkehr jedermann sogleich auf den Schutzengel verweist, um seiner freudigen Verwunderung Ausdruck zu geben. Vor allem aber sind die Engel zum Synonym für uneigennützige Hilfsbereitschaft geworden. Davon zeugt noch in neuester Zeit die Erfindung des Reklameslogans von den „gelben Engeln" des ADAC oder die Bezeichnung als „Business Angels" für Menschen, die über Kapital verfügen und es jungen Unternehmern zur Verfügung stellen. Es soll in den USA derzeit 250 000 von ihnen geben und in Deutschland 27 000, letztere erreichbar im Internet als „Business Angels Netzwerk Deutschland".

Engelhafte Geistwesen überall
Wie sich zeigen wird, hat das Wort „Engel" nur in den drei großen monotheistischen Religionen Judentum, Christentum und Islam Heimatrecht. Doch ist fast überall die Vorstellung von Geistwesen verbreitet, die zwischen dem göttlichen und menschlichen Bereich angesiedelt sind. In den animistischen Religionen findet man nicht selten die Vorstellung von einem höchsten Gott, der im obersten Himmel wohnt, aber in den niederen Himmelssphären über eine Fülle von Geistwesen verfügt, die manchmal „Söhne" oder „Gehilfen" genannt werden. Einige von ihnen dienen als Boten der Gottheit, die Befehle übermitteln, Visionen hervorrufen, eine Technik lehren oder einen Stamm leiten. Sie haben auch die Aufgabe, den Menschen zu helfen oder sie zu überwachen. Der Indianer Nordamerikas vertraut sein Gebet oft seinem Schutzgeist an, der es zum „großen Geist" tragen soll. In den Riten der Schamanen spielen die Geistwesen ebenfalls eine wichtige Rolle.

Andere Geistwesen sind eher an Naturdinge gebunden, an das Feuer oder einen Wasserlauf, an ein Gebiet oder einen bestimmten Ort, wie den Eingang einer Behausung. Die griechisch-römische Antike kennt unterhalb des Bereichs der Götter eine Menge verschiedenster Geistwesen, Nymphen, Faune oder, in Rom, die Laren, die Wegkreuzungen, das Familienanwesen und die Felder bewachen, auch die Penaten, welche die

Vorratskammer und den häuslichen Herd beschützen und die Vielfalt der göttlichen Kräfte zum Ausdruck bringen. Einige von ihnen sorgen für die Ordnung der kosmischen Kräfte über, auf und unter der Erde, andere kümmern sich, ähnlich unseren Elfen, Zwergen und Kobolden, um Quellen und Flüsse oder um Bäume und andere Pflanzen.

Im Pantheon der meisten Hochreligionen gibt es einen oder mehrere Botengötter, nicht selten in Vogelgestalt. Bei Griechen und Römern dient vor allem der Gott Hermes/Merkur als Überbringer von Botschaften an Sterbliche, aber auch von religiösen Offenbarungen. Zudem hat er die Funktion, die Seelen der Verstorbenen ins Jenseits zu geleiten.

Fast überall gibt es die Scheidung in lichte und dunkle, d.h. heilsame und verderbenbringende Geistwesen. Besonders die sumerisch-babylonische Kultur entwickelte eine komplizierte Dämonenkunde, die zur Befreiung von Krankheiten und zur Abwehr anderer Unglücksfälle besondere Riten gegen die bösen Geister vorsah. Auch der griechische und römische Volksglaube kannte mit übermenschlichen Kräften ausgestattete, unberechenbare Geister als Gespenster oder auch als Krankheitserreger. Mit Hilfe von Zauberpraktiken suchte man sie in Dienst zu nehmen oder sich vor ihnen zu schützen.

Alles Irrationale und Unerwartete, besonders aber verhängnisvolle Ereignisse, führt man gerne auf einen *daimon* zurück. Während dieses Wort auch im heutigen Sprachgebrauch einen negativen Beigeschmack hat, wurde es ursprünglich im Griechischen, z.B. bei Homer, auch für die Gottheit gebraucht, wobei mit *theos* meist ein bestimmter Gott und mit *daimon* seine sich äußernde Kraft gemeint war. Platon sah die Dämonen als göttliche – böse oder gute – Wesen zwischen Göttern und Menschen. Er stellte sich das ganze Weltall als von geistigen oder halbgeistigen Mächten beseelt und bewegt vor. Er spricht von einem *daimon* auch als dem persönlichen Schutzgeist eines Menschen. Bei den Römern wird in ähnlicher Weise der „Genius" eines Menschen, eines Volkes oder einer Stadt als Schutzgeist gesehen.

Der biblische Engel

Der beschränkte Umfang dieses Bändchens zwingt zu einer Eingrenzung der Thematik auf die biblischen Engel, die für unseren Kulturkreis prägend geworden sind. Schwerpunkt der nachfolgenden Darstellung ist deshalb ein Überblick über die geistesgeschichtliche Entfaltung der Aussagen über die Engel, wie sie sich in der Bibel und später in der Lehre der christlichen Kirchen niedergeschlagen haben. Dieser langen Entwicklung, die am Anfang des ersten Jahrtausends vor der Zeitenwende beginnt und erst am Ende des Mittelalters ihren Abschluß findet, sind die beiden ersten Teile gewidmet. In einem dritten Teil wird die kontroverse Entwicklung der Engelvorstellungen seit Beginn der Neuzeit im 16. Jahrhundert nachgezeichnet. Ein Glossar im Anhang gibt Hinweise auf die religionskundlichen Fachausdrücke, soweit sie nicht im Text erklärt werden.

Für eine Reihe, die unter dem Stichwort „Wissen" herausgegeben wird, liegt die größte Schwierigkeit der Darstellung darin, einen angemessenen Stil zu finden. Weder war es möglich, den pathetisch-affirmativen Ton jener Autoren anzuschlagen, denen die Existenz und Natur der Engel und ihrer Ordnung selbstverständlich ist; noch konnte es angehen, sich durch eine ironisch-mokante Sprache das Wohlwollen des aufgeklärten Lesers zu sichern. Der einzig gangbare Weg war, durch die möglichst sachgerechte Beschreibung der biblischen und nachbiblischen Entwicklungsphasen aufzuzeigen, wie sich die einzelnen Bausteine der christlichen Engellehre schließlich zu einem kohärenten und zugleich differenzierten Ganzen zusammenfügten. Wem das zu nüchtern und trocken oder für seinen Glauben an die Wirklichkeit der Engel zu desillusionierend erscheint, der sollte das informative und begeisternde Engelbuch von Alfons Rosenberg zur Hand nehmen. Wer sich hingegen amüsieren will, der kann zu Malcolm Godwins Band ‚Engel – Eine bedrohte Art' greifen. Dort werden mit Witz und Zynismus alle Absurditäten zusammengetragen, die jemals über die Engel geäußert wurden. Beide Werke sind zudem reich bebildert und bieten damit einen anschaulichen Überblick über die Mannigfaltigkeit der Engeldarstellungen in der Kunst.

I. Der biblische Befund

Vom Buch Genesis bis zur Apokalypse des Johannes, also von ihrem ersten bis zum letzten Buch, berichtet die Bibel von Engeln, die in das Schicksal der Menschen eingreifen. Doch variieren ihre Aussagen über die näheren Umstände des Auftretens der Engel beträchtlich, da die Bibel kein einheitlich konzipiertes Buch ist, sondern eine Bibliothek von Schriften unterschiedlicher Entstehungszeit und Urheberschaft. Zudem wird noch eine ganze Reihe anderer Geistwesen erwähnt, die erst in späteren, in nachbiblischen Zeiten ebenfalls mit dem Ausdruck „Engel" bezeichnet wurden.

Für den Zweck dieser Untersuchung ist es dabei nicht wichtig, ob und wie weit die einzelnen Geschichten nach heutigem Verständnis als historisch anzusehen sind, da sie auf jeden Fall die Vorstellungen wiedergeben, die man sich bei ihrer Niederschrift von dem Geschehen machte.

1. Der „Engel des Herrn"

Wenn der biblische Gott zu den Menschen in Kontakt trat, geschah es häufig durch einen geheimnisvollen Vermittler, der als „Bote" bezeichnet wird, hebräisch *mal'ak*, griechisch *angelos*, woraus das deutsche Lehnwort „Engel" entstand. Das hebräische Wort bezeichnete nicht allein den gewöhnlichen „Boten", sondern auch den „Botschafter", wie ihn die Könige der Stadtstaaten des 2. Jahrtausends an ihre Untertanen oder an benachbarte Herrscher sandten. In dieser Funktion war er mehr als ein bloßer Träger von Nachrichten; denn er übermittelte seine Botschaft meist in der ersten Person, wodurch der Herrscher als persönlich anwesend galt. Die Bibel spricht an einigen Stellen von einem Engel Gottes, meist jedoch vom Engel „des Herrn". Im hebräischen Text steht in diesem Fall, unter Verwendung des göttlichen Eigennamens, „Engel Jahwes". Da die Juden den Gottesnamen seit den Jahrhunderten vor der Zeitenwende nicht mehr auszusprechen wagen, lesen sie statt dessen „adonai" (der Herr), ein Brauch, den die Bibelübersetzungen übernommen haben.

Einige typische Engelerscheinungen
Eine Auswahl unter den bekannteren biblischen Engelerzählungen, die unschwer vermehrt werden könnte, macht deutlich, daß sie zu den Geschichten gehören, in denen Gott sich den Menschen zuwendet. Denn Aufgabe des Engels ist es, Hilfe und Stärkung zu bringen oder einen Auftrag zum Handeln zu erteilen, manchmal jedoch auch Verderben herbeizuführen.

Schon am Anfang der biblischen Geschichten stehen die zwei Erzählungen von der Errettung der Hagar, Saras Magd und Abrahams Konkubine (Gen 16 und 21,14–21). Im ersten Bericht wird die schwangere Hagar von ihrer Herrin schlecht behandelt, so daß sie ihr davonläuft und durch die Wüste ihre Heimat Ägypten erreichen will. Damit gerät sie mit ihrem werdenden Kind in eine aussichtslose Situation, in die der „Engel Jahwes" eingreift. Er findet Hagar an einem Brunnen, redet sie mit ihrem Namen und ihrer Standesbezeichnung als „Magd Sarais" an und fragt sie nach ihrem Woher und Wohin. Als sich Hagar als entlaufene Sklavin bekennt, gibt ihr der Engel die Weisung, zu ihrer Herrin zurückzukehren. Als sollte ihr dieser Entschluß leichtgemacht werden, ergeht an sie die großartige Verheißung, sie werde zur Ahnfrau unzähliger Nachkommen werden, und als Begründung dafür wird ausdrücklich auf die schlechte Behandlung Hagars durch Sara verwiesen. Denn in der Aussage: „Der Herr hat dein Elend erhört" klingt die typisch biblische Vorstellung an, daß Gott sich der Unterdrückten annimmt.

In anderen Fällen tritt der Engel des Herrn auf, um einen Menschen für eine besondere Aufgabe zu berufen. Dazu gehört der Bericht über die Berufung des Moses zum Retter der Israeliten aus der ägyptischen Knechtschaft (Ex 3), in dem es zu Anfang heißt, daß „der Engel des Herrn" ihm in einer Flamme erschien, die aus einem Dornbusch aufloderte, wobei es allerdings dann Gott selbst ist, der zu Moses spricht. Eine ähnliche Begebenheit findet sich aus der Zeit der Richter (etwa 13.–11. Jh.) in der Erzählung von der Berufung Gideons (Ri 6), deren versteckten Humor man nicht übersehen sollte. Als nämlich die Israeliten von den Midianitern, räuberischen Kamelreitern, die zur Erntezeit aus der Wüste einfielen, bedrückt wurden, konnten die Räuber an den hohen Staubwolken, die beim Dreschen aufwirbelten, die Vorratsplätze der Israeliten erkennen. Deshalb stieg der junge Gideon in die Weinkelter seines Vaters, um dort ungesehen die Körner aus den Ähren zu schlagen. Da stand plötzlich „der Engel des Herrn" vor ihm und grüßte ihn: „Gott sei mit dir, du starker Held!" Gideon, der ihn für einen Fremdling hielt, fühlte sich durch diese Anrede verspottet und klagte, daß der Herr sein Volk verlassen habe. Der Mann – nach dem Text der Herr selbst – verkündete nun, Gideon werde Israel retten. Gideon begann zu ahnen, wer der Fremde war. Er schlachtete ein Zicklein und brachte es mit Broten und einer Brühe hinaus zur Kelter für den Fall, daß es sich doch um einen menschlichen Wanderer handelte, der einer Stärkung bedurfte. Der Gottesbote befahl aber, die Brühe wegzuschütten und das übrige auf einen Stein zu legen. Dann berührte er mit seinem Stab das Fleisch und das Brot. Da stieg Feuer auf und verzehrte die Gaben. Der Engel verschwand, und Gideon warf sich nieder; denn er wußte nun, wer der Fremde gewesen war.

Ein Beispiel für die fürsorgliche Funktion des Engels ist auch die Episode von der Speisung des Propheten Elija, als dieser von der bösen Königin Isebel mit dem Tode bedroht wurde. Elija geriet in Angst und floh ganz allein weit nach Süden, bis in die Wüste. Verzweifelt legte er sich dort unter einen Busch, um zu sterben, und schlief ein. Ein Engel weckte ihn und sagte: „Steh auf und iß!" Elija sah neben sich Brot und einen Krug Wasser. Er aß und schlief wieder ein. Da weckte ihn der Engel, nunmehr ausdrücklich „der Engel des Herrn" genannt, nochmals mit den Worten: „Steh auf und iß! Du hast einen weiten Weg vor dir." Elija stand auf und aß. Dann marschierte er vierzig Tage und vierzig Nächte bis zum Gottesberg, wo ihm der Herr erschien (1 Kön 19,1–8).

In manchen Erzählungen bringt der „Engel des Herrn" hingegen Tod und Verderben, beispielsweise als König David es wagte, eine Volkszählung durchzuführen, damals eine Vermessenheit (2 Sam 24). Eine ähnliche Erzählung, in der sich das Verderben nun gegen einen äußeren Feind richtet, spielt zwei Jahrhunderte später, zu Lebzeiten des Propheten Jesaja unter dem König Hiskija, als Sanherib, der König von Assur, Jerusalem belagerte. In der Nacht, so heißt es, zog der Engel des Herrn aus und erschlug im Lager der Assyrer 185 000 Mann, so daß ihr König die Belagerung aufhob und nach Hause zurückkehrte (2 Kön 1,13–19; Jes 36 und 37).

Gott selbst oder sein Engel?
Die Beispiele zeigen, daß der biblische Engel Funktionen übernahm, die in der Götterwelt anderer Völker einzelnen Gottheiten zugeschrieben wurden. Die beiden befremdlichen Unheilserzählungen erinnern an Episoden in der griechischen Mythologie, in denen sich ein Sterblicher den Zorn einer Gottheit zuzieht. So etwa beschießt Apoll die Stadt Troja mit Pestpfeilen, weil ihr König ihn erzürnt hatte (Ilias 21,441 ff.).

Im Polytheismus sind die einzelnen Götter in ihrem Verhalten gegenüber den Menschen oft uneins; je nach Laune bringen sie Heil über die einen und Unheil über die anderen. Für das frühe Israel hingegen war der Eine Gott Ursache allen Geschehens im Himmel oder auf der Erde. Die Überzeugung, daß sein Wesen Schöpfermacht und Zerstörung in einem unauflöslichen Ganzen umschließt, ist deutlich in Jesaja 45,7 ausgesprochen, wenn Gott von sich sagt: „Der ich das Licht mache und schaffe die Finsternis, der ich Frieden gebe und schaffe das Übel". In den anderen genannten Fällen übte der „Engel Jahwes" jene Funktion aus, die im Polytheismus eine der vielen Gottheiten als Götterbote innehatte, wie Hermes bei den Griechen, der mit Flügelschuhen und Heroldstab die Botschaften der Götterversammlung den Menschen übermittelte. Denn auch der Eine Gott Israels brauchte eine Möglichkeit der Manifestation, die der Mensch mit seinen Sinnen wahrnehmen konnte.

So stellt sich die Frage, ob der biblische Erzähler den Engel als ein eigenständiges Geistwesen oder aber als eine Erfahrung der Anwesenheit Gottes verstand. Die zweite Alternative hat viel für sich, da das hebräische Wort *mal'ak* auch den „Botschafter" eines Königs meinen konnte, der sowohl Nachrichten übermittelte als auch – in der ersten Person sprechend – den Herrscher selbst repräsentierte. Tatsächlich ist oft kaum zu unterscheiden, ob es der Engel ist, der redet und handelt, oder Gott selbst. So spricht der Engel sowohl in der Hagar-Geschichte als auch bei Gideons Berufung zunächst wie ein Mensch zum anderen Menschen, verwendet dann jedoch auch die Ich-Form. Das legt die Annahme nahe, die Rede vom Auftreten des Engels des Herrn solle ein Erlebnis bezeichnen, in dem Gott selbst mit den Menschen als Wort, Stimme oder Berührung in Verbindung trat. Vermutlich repräsentierte der Engel jene Seite in Gott, die sich der Menschheit zuwandte, während Gottes wahres Selbst so gewaltig war, daß es den Menschen verborgen bleiben mußte, weil sie es nicht hätten ertragen können.

Die frühen Erzähler allerdings sind ausschließlich an der Vermittlung der jeweiligen Botschaft interessiert und teilen nichts über die Wesensnatur des Übermittlers mit. Sie wollen offenbar vermeiden, einem Mittlerwesen eine Eigenständigkeit zuzuschreiben, die der Vorstellung von der „Allkausalität" Gottes widersprochen hätte. Ihre Schilderungen zeichnen sich durch eine gewisse Verhaltenheit aus. Es ist ein Charakteristikum der in den frühen Texten der Bibel geschilderten Auftritte von Engeln, daß sie in einer doppelten Perspektive geschrieben sind: aus dem objektiven Wissen des Erzählers und aus dem subjektiven Erleben der handelnden Menschen. Man erfährt nichts darüber, ob der „Engel", dem Hagar am Brunnen begegnete, ein Mensch war, der zu ihr sprach, oder ob sie eine innere Stimme hörte, die ihr die Umkehr als beste Lösung für das Wohl des Kindes erscheinen ließ. Offenbar war es aber für Hagar im Verlauf des Gesprächs klargeworden, mit wem sie es zu tun hatte. Denn sie antwortet mit einem Lobpreis Gottes, indem sie den Brunnen nach dem benennt, der sich ihr in ihrem Elend zugewandt hatte. Und Gideon meint zuerst, er habe es mit einem Wanderer zu tun, Moses wiederum sieht zunächst nur den brennenden Busch.

Nur der Leser weiß, da es ihm zu Beginn des Berichtes ausdrücklich gesagt wird, daß es sich um den Engel Jahwes handelt. Er wird von den Menschen – manchmal nicht ohne eine gewisse Ironie über ihr langsames Verständnis – erst im Laufe seines Auftretens als Übermittler einer von Gott kommenden Botschaft wahrgenommen. Lichtphänomene oder andere außergewöhnliche Anzeichen, die auf eine übernatürliche Erscheinung hinweisen, zeigen sich allenfalls zum Schluß der Szene. Die häufig zu lesende Behauptung, jeder Engel sei furchterregend und führe sich deshalb mit einem „Fürchte dich nicht!" ein, stimmt in ihrer Allgemeinheit nicht. Denn diese Formel findet sich erst an späteren Stellen der Bibel, als das Auftreten von Engeln spektakulärer wird.

2. Begegnungen der besonderen Art

Die Bibel enthält noch andere geheimnisvolle Szenen, in denen Engel erwähnt sind oder in denen Akteure auftreten, die später den Engeln zugerechnet wurden. Auffällig daran ist, daß sie jeweils mit einer konkreten Ortsangabe verbunden sind.

Die typischen Beispiele
Eine dieser Szenen spielt zu der Zeit, als Sara, Abrahams Frau, schon so alt war, daß sie auf ein eigenes Kind nicht mehr hoffen konnte. Als Abraham eines Tages in Mamre beim heutigen Hebron zur Mittagszeit am Eingang seines Zeltes saß, so heißt es, sah er plötzlich in der Nähe drei fremde Männer stehen. Er lief auf sie zu, verneigte sich bis zur Erde und lud sie ein, beim ihm einzukehren. Gegen Ende der üppigen Bewirtung verkünden ihm die Fremden die bevorstehende Geburt Isaaks (Gen 18,1–15).

Während anschließend der eine der drei Besucher im Text jetzt ausdrücklich „der Herr" genannt wird (Gen 18,16–33), gehen die zwei anderen nach Sodom und Gomorra, um dort nach dem Rechten zu sehen, da das „Geschrei" über die Bosheit

Abb. 1: Andrej Rubljow, Die drei Besucher Abrahams, um 1425,
Tretjakow-Galerie, Moskau

dieser Städte bis zu Gott gedrungen war. Sie werden von nun
an abwechselnd „Männer" und „Boten" genannt, wobei letz-
teres in den Übersetzungen meist mit „Engel" wiedergegeben
wird. Abrahams Neffe Lot sieht in ihnen zunächst nur fremde
Wanderer und nimmt sie gastlich in sein Haus auf. Sie haben
offenbar das Aussehen schöner, „engelgleicher" junger Männer, so daß die Einwohner der Stadt von Lot ihre Auslieferung
verlangen, in der Absicht, die Fremden sexuell zu mißbrau-
chen. Als Lot sich wegen seiner Schutzverpflichtung als Gast-
geber weigert, wollen die Menschen sein Haus stürmen, werden aber mit Blindheit geschlagen. Daraufhin führen die
beiden Lot und seine Familie aus der Stadt, bevor die Kata-
strophe hereinbricht (Gen 19).

Mit dem Patriarchen Jakob, dem Enkel Abrahams, sind einige der bekanntesten Erzählungen über Engel verbunden. Auf seiner Flucht vor dem Zorn Esaus, den er um sein Erstgeburtsrecht betrogen hatte, kommt Jakob einmal nach Einbruch der Nacht an einen Ort, den der Text als eine „Stätte", das heißt einen Kultort, bezeichnet. Er bettet seinen Kopf auf einen der dort liegenden Steine und schläft ein. Da sieht er im Traum, wie Engel auf Stufen, die zum Himmel hinaufführen, auf- und absteigen, und er hört Gott sprechen: „Das Land, auf dem du liegst, will ich dir und deinen Nachkommen geben. Und auf deiner Reise werde ich dich behüten und dich in dieses Land zurückbringen." Als Jakob aus dem Traum erwacht, fürchtet er sich und spricht: „Wie heilig [gemeint ist: Schauder/Ehrfurcht erregend] ist dieser Ort. Gott ist gegenwärtig, und ich habe es nicht gewußt. Hier ist das Haus Gottes und Tor des Himmels." Und er nennt den Ort „Haus Gottes", auf hebräisch *Bet-El* (Gen 28,10–22).

Viel schwerer verständlich ist das Erlebnis, das Jakob zwanzig Jahre später bei seiner Heimkehr ins Land der Väter widerfährt. Ihm ist bewußt, daß er jetzt seinem Bruder Esau gegenübertreten muß, der inzwischen ein mächtiger Kriegsherr geworden ist. Am Vorabend der entscheidenden Begegnung gerät er in panische Angst, und er entschließt sich, noch in finsterer Nacht seine Leute und Herden bei einer Furt über den Fluß Jabbok zu bringen, der ihn von Esaus Streitmacht trennt, offenbar aus Furcht, am nächsten Morgen bei der Flußdurchquerung von Esau überrascht zu werden. Dann bleibt er selbst auf dem diesseitigen Ufer zurück. Will er vielleicht sogar allein fliehen, um seine nackte Haut zu retten? Da tritt ihm, so erzählt die Bibel, aus der Finsternis ein Mann entgegen, um mit ihm zu ringen. Nach einem lange unentschiedenen Kampf schlägt der andere auf Jakobs Hüfte, so daß sich deren Gelenk ausrenkt. Trotz des Schmerzes läßt aber Jakob den Gegner, als dieser ihn mit dem Hinweis auf die anbrechende Morgenröte darum bittet, nur unter der Bedingung los, ihn zuvor zu segnen. Der Fremde erfüllt Jakobs Verlangen. Am Morgen, bei der Rückkehr zu den Seinen, so vermerkt die Bibel, leuchtet Jakobs

Gesicht in der aufgehenden Sonne. Nur ein Makel fällt an ihm auf: Er hinkt, da der Unbekannte seinen Hüftnerv (*nervus ischiaticus*) getroffen hat (Gen 28,10–22).

Zuletzt sei hier noch die Begegnung Josuas mit einem geheimnisvollen Bewaffneten am Jordanufer bei Jericho angeführt. Als Josua, der nach dem Tod des Moses die Israeliten ins Gelobte Land führen soll, auf einem Erkundungsgang den Jordan überschreitet, trifft er unvermutet auf einen Mann mit gezücktem Schwert, der sich als „Anführer des Heeres des Herrn" zu erkennen gibt. Josua wirft sich anbetend nieder und fragt: „Was befiehlt mein Herr seinem Knecht?" Entgegen der Erwartung erhält er aber keinen Auftrag, etwa zur Einnahme von Jericho, was nahegelegen hätte; vielmehr wird ihm nur gesagt, er solle seine Schuhe ausziehen, denn der Ort sei „heilig" (Jos 5,13–15).

Heiligtumslegenden und Lokalsagen

In all diesen Berichten zeigt die ausdrückliche Zuordnung des Geschehens zu einem bestimmten Ort an, daß diesmal, im Unterschied zu den Erzählungen vom „Engel Jahwes", der Akzent auf der besonderen Qualität der jeweils genannten Örtlichkeiten liegt. Es sind „heilige" Orte, die für die Religion Israels Bedeutung besitzen. Das Attribut „heilig" zeigt ihren numinosen Charakter im Sinne von Rudolf Otto an, der dieses Wort als ein Gewahrwerden übersinnlicher Mächte versteht, das im Menschen schwankende Gefühle der Furcht und der Anziehung zugleich auslöst.

Der eigenartige Schluß des Berichts über Josuas Abenteuer vor Jericho läßt an die Gründungslegende eines Heiligtums denken, vermutlich jenes Gilgals, das in den Büchern Richter und Samuel mehrfach genannt ist. Die Ankündigung der Geburt Isaaks durch die drei Besucher bei Abraham ist ausdrücklich nach Mamre verlegt, das deshalb manchmal als „Nazareth des Alten Testaments" bezeichnet wird. Der Ort wurde zu einem Wallfahrtsziel kinderloser Frauen, da die zugehörige Gründungslegende dem Gewähren von Gastfreundschaft eine segenbringende – und fruchtbarmachende – Kraft zuschrieb.

Heutige Interpreten vermuten, der biblische Erzähler habe auf Abraham eine der uralten Sagen projiziert, die das Thema der Gastfreundschaft mit demjenigen der Geburt eines Kindes verbinden. Ein Beispiel dafür ist der griechische Mythos von der freundlichen Aufnahme dreier Fremder, die in Wirklichkeit die Götter Zeus, Poseidon und Hermes sind, durch Hyrieus, einen kinderlos gebliebenen Mann, dem danach zur Belohnung der langersehnte Sohn geboren wird.

Am deutlichsten wird der lokale Bezug bei Jakobs Erlebnis in Bet-El, später einer der wichtigsten israelitischen Wallfahrtsorte. Während Jakobs Vision in Bet-El das klassische Bild von den Engeln ganz direkt zu bestätigen scheint, will der Text etwas anderes zum Ausdruck bringen. Auffällig an dem Bericht ist nämlich ein Hinweis, der leicht überlesen wird: Der Platz, wo sich Jakob zum Schlafen legt, wird als eine „Stätte", das heißt ein geheiligter Platz, bezeichnet. Offensichtlich hatte dort schon vorher ein kanaanäischer Kultort bestanden, was aber der müde Wanderer bei seiner Ankunft im Dunkel der Nacht nicht bemerkte, sondern erst bei Tageslicht mit Schaudern wahrnahm. Alles deutet darauf hin, daß Jakobs Traum von den auf- und absteigenden Engeln eine mit dem Ort verbundene Kultlegende aus vorisraelitischer Zeit war. Durch ihre Einbeziehung in die Geschichte des Patriarchen Jakob konnte die altehrwürdige „Stätte" zu einem israelitischen Heiligtum umfunktioniert werden.

Andere Berichte dürften direkt auf Lokalsagen zurückgehen. Man vermutet, daß die Erzählung von Jakobs nächtlichem Kampf am Fluß Jabbok ursprünglich von einem listigen Geizhals handelte, der die beim stets gefährlichen Übergang über eine Furt übliche Gabe zur Besänftigung des Flußgottes sparen wollte. So habe er zuerst seine Herden hinübergebracht und selbst als letzter übergesetzt, weil er es sich zutraute, ohne zu bezahlen mit dem Dämon fertig zu werden. Die Pointe der Sage lag darin, den Geist bis zur Morgendämmerung festzuhalten, weil er in der Helligkeit des Lichts verschwinden mußte. Allerdings habe sich der Unhold mit einem Schlag an die Hüfte gerächt, woraus zur Erinnerung ein Fest entstanden sei, bei dem die Teilnehmer einen Hinketanz aufführten, wie er damals bei kultischen Zeremonien häufig war. Diese uralte Sage, so meint man, sei vom biblischen Erzähler, wenn auch mit einem ganz anderen Aussageziel, auf den als listenreich geltenden Jakob übertragen worden. Für eine solche Hypothese spricht das Erzählelement von der Scheu des Gegners vor dem Anbruch der Morgenröte, ein Motiv, das für einen Dämon typisch sein mag, aber nicht zum Gott Israels bzw. zu dessen Engel paßt und deshalb auch sonst nirgends in der Bibel vorkommt.

Durch ihre Einfügung in einen neuen Erzählzusammenhang hat die alte Volkssage eine unerwartete Tiefe gewonnen. Denn erst nach dem Ringen ist Jakob imstande, dem vorher so gefürchteten Esau entgegenzutreten. Hinter ihm liegt eine entscheidende Erfahrung: Das gespenstische Gegenüber, gegen das er wie in einem schlimmen Alptraum mit aller Kraft ankämpfte, hatte sich schließlich als der segnende Gott erwiesen. Auf diese Weise hat die Erzählung an ihrem jetzigen Platz im Leben Jakobs von jeher die Menschen fasziniert, sogar die modernen Tiefenpsychologen. Sie interpretieren das Geschehen als ein Ringen Jakobs mit der in seiner Psyche übermächtig gewordenen Drohgestalt Esaus oder deuten es als einen inneren Kampf Jakobs, der sich erst mit den dunklen Aspekten seiner eigenen Natur auseinandersetzen muß, bevor er zur Begegnung mit Esau fähig wird, der sich dann in der Tat wider alle Erwartung großmütig mit seinem Bruder versöhnt. Und fromme Bibelausleger haben im Schlag auf Jakobs Hüfte einen Hinweis gesehen, daß bei Menschen, die Gott bzw. seinem Engel begegnet sind, im Verhältnis zur Welt ein „Bruch" zu spüren ist, der aber untrennbar zum Segen, der auf ihnen liegt, gehört.

Was die Rolle der beiden Engel beim Untergang Sodoms angeht, so wird dort das Thema der Belohnung für Gastfreundschaft noch einmal aufgenommen. Die Verschonung Lots erinnert an die griechische Sage von dem alten Ehepaar Philemon und Baucis, die als einzige in ihrem Dorf, ohne es zu wissen, gastfreundlich Götter bewirteten und dafür von der Vernichtung ausgenommen wurden, die die anderen Einwohner zur Strafe für ihre Hartherzigkeit traf. Die unwirtliche Landschaft am Toten Meer mit ihrem Asphalt und den sich manchmal entzündenden Erdgasen konnte leicht den Anstoß für die Sage von einem göttlichen Strafgericht durch Feuer und Schwefel geben. Sie hat zwar keinerlei historische Basis, da die auffälligen Besonderheiten des Geländes schon vor Millionen Jahren durch geologische Einbrüche und Verwerfungen entstanden. Angst und Schrecken erregende Orte und Gegenden werden jedoch häufig ebenfalls als „heilig" empfunden.

Die Interpretation als Engel

Es ist unverkennbar, daß der Autor in diesen Geschichten passende Motive aus der Religion und der Folklore seiner Umwelt aufgriff, die im Handlungsaufbau seiner Erzählungen eine ähnliche Funktion ausübten wie die Begegnungen mit dem „Engel des Herrn". Er hat sie im Sinne des biblischen Monotheismus transformiert, um damit die fürsorglichen oder auch, wie im Falle Sodoms, die strafenden Aspekte beim Einwirken des biblischen Gottes auf die Menschen zu veranschaulichen.

Für Josua war es das Versprechen göttlicher Hilfe bei der bevorstehenden Besitznahme Kanaans, Abraham erhielt die Verheißung der Geburt des langersehnten Sohnes, und Jakobs Vision vom Auf- und Absteigen der Engel war ein Symbol für das lenkende Eingreifen Gottes in die Geschicke der Menschen, das ihm die Fürsorge Gottes auf seinem weiteren Lebensweg zusicherte. Denn die Treppe, die er sah, war einer jener stufenartigen Tempeltürme, wie sie in Mesopotamien errichtet wurden, um eine Verbindung zwischen den Menschen und der Gottheit herzustellen, und keine Leiter mit Sprossen, wie später in den mittelalterlichen Darstellungen dieser Begebenheit, die den altorientalischen Hintergrund der Vision nicht mehr kannten.

So erscheint es als durchaus logische Konsequenz, daß später von Jakobs „Kampf mit dem Engel" geredet und Josuas Abenteuer bei Jericho als Erscheinung des Erzengels Michael gedeutet wird, obwohl dieser im Text gar nicht genannt ist. Das gleiche gilt für den „Besuch der drei Engel" bei Abraham in Mamre, deren Dreizahl allerdings viele Spekulationen hervorgerufen hat. Einige frühe christliche Theologen sahen darin eine versteckte Anspielung auf die Lehre von der Dreifaltigkeit, weshalb die Szene ein beliebtes Sujet der russischen Ikonenmalerei wurde, wie es die berühmte, um 1425 entstandene Bildtafel von Andrej Rubljow zeigt. Meist spricht man jedoch von drei Engeln oder nimmt vielmehr an, Gott selbst sei mit einem Ehrengeleit von zwei Engeln nach Mamre gekommen. Die modernen Bibelwissenschaftler neigen zur Auffassung, der Erzähler habe unterstellt, Gott sei Abraham in allen dreien erschienen.

Tatsächlich ist die erzählerische Struktur dieser Texte jenen Szenen sehr ähnlich, in denen ausdrücklich vom „Engel des Herrn" die Rede ist. Nicht nur sind das Wirken Gottes und dasjenige der Engel eng miteinander verknüpft, sondern das Geschehen wird mit einer ähnlichen Zurückhaltung beschrieben. Die auftretenden geheimnisvollen Akteure zeigen auf den ersten Blick nichts Außergewöhnliches. Sie haben weder Flügel noch eine besondere Aura und erwecken zunächst den Eindruck gewöhnlicher Menschen. Die drei Besucher, die Abraham mit der im Orient üblichen Gastfreundschaft bewirtet, sind für ihn nichts als hungrige und durstige Wanderer. Zwar ist der eigentlichen Erzählung im biblischen Text eine Art Überschrift vorangestellt, die das Geschehen als eine „Erscheinung des Herrn" bezeichnet. Das allerdings erfährt nur der Leser, während die Betroffenen erst allmählich ahnen, mit wem sie es bei ihren Gästen zu tun haben; ähnlich weiß auch Lot zunächst nicht, wer seine Gäste in Wirklichkeit sind, und Jakob kann erst nach seinem Kampf den Angreifer mit Gott identifizieren. Desgleichen sieht Josua zunächst nur einen bewaffneten „Mann", bis dieser sich als der Anführer der himmlischen Heerscharen vorstellt.

3. Der himmlische Hofstaat

Das Alte Testament nennt darüber hinaus noch andere Himmelswesen, die erst in nachbiblischer Zeit unter den Oberbegriff der Engel subsumiert wurden. Diese Wesen gehörten ur-

sprünglich zum Vorstellungskreis vom Himmel als einem königlichen Hofstaat, sei es, daß sie Gott beim Regieren des
Kosmos und der Völkerwelt behilflich waren, sei es, daß sie
seine Herrlichkeit wirkungsvoll zur Geltung brachten.

Heerscharen und Göttersöhne als Diener des Herrn

Die „Heerscharen" (hebr. *Sabaot/Zebaot*, pl. von Heer) gehören zum klassischen Bild von Jahwes Hofstaat, den beispielsweise Micha Ben Jimla aufgrund einer Vision schildert: „Ich
sah den Herrn sitzen auf seinem Thron und das ganze himmlische Heer neben ihm stehen zu seiner Rechten und Linken"
(1 Kön 22,19). Der Ausdruck, der gelegentlich auch auf den
Heerbann Israels angewandt wird, ist meist als festgeprägte
Redewendung mit dem Gottesnamen verbunden. Dann sind
nicht Menschen gemeint, sondern die Naturkräfte, die Gestirne am Himmel ebenso wie die Wolken und Blitze auf der Erde,
die alle Jahwe gehorchen müssen. Darauf könnte die Bezeichnung „Führer der Heerscharen des Herrn" in Josuas Erlebnis
am Jordanufer anspielen, da bei der anschließenden Eroberung
Kanaans mehrfach von einer Hilfe des Herrn mittels Natur-
phänomenen die Rede ist. Ähnlich werden die Sterne, die in der
Mythologie Kanaans als Quelle des Regens galten, in einem
der ältesten Texte der Bibel als „Kämpfer" bezeichnet, nämlich
im Deboralied, das den Sieg der israelitischen Bauern einem
plötzlichen Gewitterregen zuschreibt, der die Streitwagen der
kanaanäischen Könige im Schlamm steckenbleiben läßt (Ri
5,20–21).

In manchen Texten werden unter den Himmelswesen, die
dem großen Gott dienen, auch die *bene elohim* genannt, was
sowohl mit „Söhne der Götter" als auch mit „Söhne Gottes"
übersetzt werden kann. Am bekanntesten ist der Anfang des
Buches Hiob (1,6–12 und 2,1–6), wo ganz selbstverständlich
berichtet wird, daß sich Satan (auf den noch zurückzukommen
sein wird) als einer der Göttersöhne am himmlischen Hof bewegt. Offenbar sind zunächst ganz generell zum göttlichen Bereich gehörende Wesen gemeint, weil der Ausdruck „Söhne"
im Hebräischen neben den unmittelbaren Nachkommen sehr

oft auch einfach die Zugehörigkeit zu einem Volk oder zu einer besonderen Gruppe meint, so etwa „Söhne Israels" für die Israeliten oder „Söhne der Propheten" für die Mitglieder einer Prophetengemeinschaft.

Viel spricht dafür, daß der biblische Erzähler bei den Göttersöhnen an Lokalgötter und die Götter der anderen Völker dachte, die zwar neben dem Herrn (Jahwe), dem alleinigen Gott Israels, nicht verehrt werden durften, deren Existenz als solche jedoch im frühen Israel noch nicht ausdrücklich in Frage gestellt wurde. Einer späteren, theologisch feinfühligeren Zeit bereitete der Ausdruck „Göttersöhne" wegen seiner offensichtlich polytheistischen Anklänge dann allerdings Verlegenheit. In einigen Handschriften der Septuaginta, der ersten Übertragung der hebräischen Bibel ins Griechische (um 250 v. Chr.), findet sich deshalb die Übersetzung „Engel Gottes", eine Interpretation, die in der jüdischen und frühchristlichen Bibelauslegung vielfach übernommen wurde.

Die himmlischen Heerscharen und die Göttersöhne sind unzweifelhaft Relikte aus der Vorstellungswelt des Polytheismus, der die Vielfalt der guten und schlechten Erfahrungen des Menschen mit der Rivalität und dem Widerstreit der verschiedenen Gottheiten erklärte. Im Gegensatz dazu wurden die Naturkräfte und Schicksalsmächte in den israelitischen Monotheismus integriert, indem man unterstellte, daß sie ausschließlich im Dienst Jahwes ständen und ihm gehorchen müßten. Auf diese Weise erwies sich Jahwes universelle Souveränität durch die mit den Naturkräften identifizierten „Heerscharen" im kosmischen Bereich und durch die als „Göttersöhne" verstandenen Schutzgötter der Völker im Bereich der menschlichen Geschichte.

Alle diese Kräfte erhielten ebenso wie die bloßen Boten, die Engel, als großartige Manifestierung der Allmacht Gottes den Beinamen „die Starken" oder „die Heiligen" und wurden in der poetischen Sprache, besonders der Psalmen, im himmlischen Kult vereint: „Du machst dir die Winde zu Boten und lodernde Feuer zu deinen Dienern" (Ps 104,4) oder: „Lobet den Herrn, ihr seine Engel, ihr starken Helden, die ihr seinen

Befehl ausrichtet ... Lobet den Herrn, all seine Heerscharen, seine Diener, die ihr seinen Willen tut! ..." (Ps 103,20–21; ähnlich Ps 148,1–3 und 89,6). Und das Buch Hiob spricht vom „Jubel der Göttersöhne", als sie mit ansehen durften, wie Gott die Welt erschuf (38,7).

Um so erstaunlicher ist eine Missetat der Göttersöhne, von der das Buch Genesis in seiner Urgeschichte der Menschheit erzählt (6,1–4). Es berichtet, daß „die Göttersöhne sahen, wie schön die Menschentöchter waren, und sich von ihnen Frauen nahmen, wie es ihnen gefiel", woraufhin Gott die menschliche Lebenszeit auf hundertzwanzig Jahre begrenzte. Dieser rätselhafte Bericht wird in der langen Auslegungsgeschichte der Bibel noch viel Tinte und Druckerschwärze verbrauchen, da er später als eine der Begründungen für die Existenz gefallener Engel angeführt wurde.

Seraphim und Cherubim als Sinnbild der göttlichen Majestät
Zum himmlischen Hofstaat gehörten des weiteren einige geheimnisvolle Wesen, von denen die einen dem Allherrscher als Thron dienten, während andere, dem Ritual der antiken Königsakklamation folgend, ohne Unterlaß sein Lob verkündeten. Sie allein sind in der Bibel unter allen Geistwesen mit Flügeln ausgestattet, jenem Attribut, das die christliche Kunst später allen Kategorien von Engelwesen beigeben wird. Selbst die Engel in Jakobs Traum von der Himmelsleiter sind nicht geflügelt gedacht, denn sonst hätten sie ja keiner Hilfe beim Auf- und Abstieg bedurft.

Berichte über diese geflügelten Geistwesen finden sich an verschiedenen Stellen des Alten Testaments. Jesaja (8. Jh. v. Chr.) erhielt seinen prophetischen Auftrag in einer großartigen Vision: Er sah im Jerusalemer Tempel den Herrn der Heerscharen (Jahwe Sabaot) auf seinem erhabenen Thron, um ihn die Seraphim, feurige Mischwesen mit Flügeln, Gesichtern und Füßen, die einander zuriefen: „Heilig, heilig, heilig ist der Herr der Heere, und alle Lande sind seiner Herrlichkeit voll". Das Wort Seraph (Plural: Seraphim), ursprünglich der Name einer Wüstenschlange (Num 21,6), ist verwandt mit *sarap*: brennen, vermutlich wegen ihres schmerzhaft-brennenden Bisses, was später als Feuer der Liebe gedeutet wurde. Zur Steigerung der Gefährlichkeit stellte man sich die Seraphim als geflügelte Schlangen vor, vermutlich eine Entlehnung der vierflügeligen Uräen, der Schlangen, die in Ägypten König und Thron beschützten. Bei Jesaja sind es drei Flügelpaare, die nicht nur zu schweben erlaubten, sondern auch dazu dienten, zum Zeichen des Abstandes zu Gott das Gesicht und die euphemistisch als Beine bezeichnete Scham zu verdecken.

Auch in den Visionen des Propheten Ezechiel, der im 6. Jahrhundert ins Exil nach Babylon gebracht worden war, werden Bilder aus der religiösen Umwelt entlehnt, diesmal jedoch nicht aus Ägypten, sondern aus Mesopotamien, dem Land seiner Verbannung. In seiner ersten Vision (Kap. 1), die Ezechiel als eine „Erscheinung des Herrn" bezeichnet, beschreibt er ausführlich den göttlichen Thronwagen: vier geflügelte Lebewesen mit den Gesichtern eines Menschen, eines Löwen, eines Stiers und eines Adlers, zwischen denen ein funkensprühendes Feuer brannte und neben denen sich vier von Edelsteinen funkelnde Räder bewegten. Die zweite Vision (Kap. 10) ist der ersten sehr ähnlich, wobei die Räder besonders hervorgehoben sind. Der Prophet vernimmt ausdrücklich, daß das Räderwerk *galgal* genannt wird, was wahrscheinlich Wirbelwind bedeutet, und es fällt auch die Bezeichnung „Cherubim" für die in der Vision erblickten Wesen.

Die Cherubim (der hebräische Plural von Cherub) konnte der Autor bei seinem Publikum als bekannt voraussetzen. Im Bundeszelt (Ex 37,5–9) und im Salomonischen Tempel (1 Kön 6,29–31) beschirmten sie mit ausgebreiteten Flügeln den Zugang zum Allerheiligsten. Die vier Wesen der Offenbarung des Johannes im Neuen Testament werden ihre Merkmale übernehmen, und die christliche Überlieferung wird aus ihnen Symbole der vier Evangelisten machen. Das Wort Cherub ist vermutlich identisch mit dem mesopotamischen *karibu*, das beschwingte Ungeheuer bezeichnet, Mischgestalten aus Menschenkopf, Löwenleib, Stierfüßen und Adlerflügeln, wie sie, ähnlich den Sphinxgestalten in Ägypten, als Wächter an den

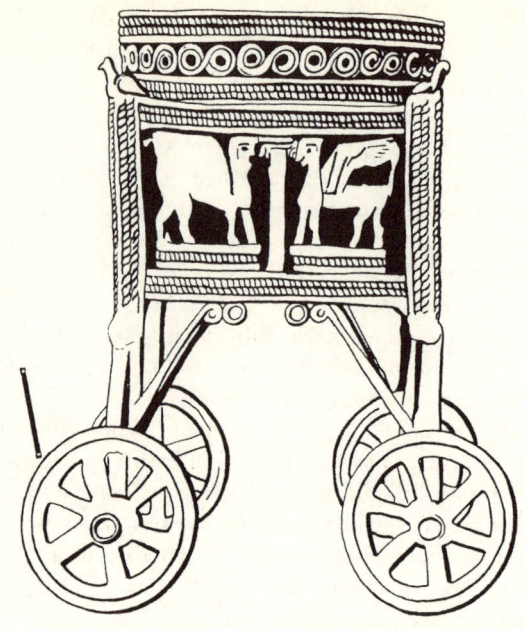

Abb. 2: Mit Cherubim geschmückter Kesselwagen,
wie sie zum Inventar des Salomonischen Tempels in Jerusalem gehörten,
mykenisch, 1400–1200 v. Chr.

Toren babylonischer und assyrischer Tempel und Paläste stan-
den. Noch heute findet man in Indien, Tibet oder Ostasien am
Eingang der Tempel furchterregende Kriegergestalten oder
monströse Wesen, die böse Mächte abhalten sollen.

Cherubim werden auch am Ende der Paradiesgeschichte des
Buches Genesis genannt. Nach der Vertreibung aus dem Paradies, so heißt es dort, „stellte [Gott] östlich des Gartens von
Eden die Cherubim auf und das lodernde Flammenschwert,
damit sie den Weg zum Baum des Lebens bewachten" (Gen
3,24). Entgegen der hergebrachten Darstellung in der Kunst
sagt der Text allerdings nichts davon, daß die Cherubim/Engel
das Schwert in Händen halten. Das Flammenschwert ist vielmehr eine eigenständige Sperre, die in zahlreichen Mythen und

Sagen als eine Art Feuermauer oder „Waberlohe" zur Bewachung von Schätzen, Personen oder heiligen und tabuisierten Örtlichkeiten vorkommt.

4. Die Personalisierung der biblischen Engel

Bis gegen Mitte des ersten vorchristlichen Jahrtausends war die religiöse Bildersprache Israels von seiner unmittelbaren kanaanäischen Umwelt, aber auch von Ägypten und Mesopotamien beeinflußt worden. Der große Einschnitt in der Geschichte des jüdischen Volkes, die Zerstörung Jerusalems durch den babylonischen König Nebukadnezar im Jahr 587 v. Chr. und die Deportierung der jüdischen Oberschicht, darunter der schriftkundigen Priesterschaft, nach Babylon ins Exil, leitete eine neue Entwicklung ein. Denn als der Perserkönig Cyrus ein halbes Jahrhundert nach Beginn des Exils im Jahr 539 Babylon eroberte, kamen die Juden in Kontakt mit einer ganz anderen Religiosität.

Die Lehre Zarathustras
Zarathustra (um 600 v. Chr. oder früher), über dessen Leben und religiöse Entwicklung nur unsichere Nachrichten existieren, muß ein manchen biblischen Propheten vergleichbarer Ekstatiker und Visionär gewesen sein. Es heißt, daß er von einem Lichtwesen zum Himmel geführt wurde, wo sich ihm der einzige Gott offenbarte, Ahuramazda („Der weise Herr"), umgeben von Mächten, sechs an der Zahl, die der französische Religionswissenschaftler Georges Dumézil „Erzengel" nannte. Sie sind es, die Zarathustra dann in vielen Unterredungen in die Geheimnisse der übernatürlichen Welt einweisen. Er erkennt die Weltgeschichte als den Kampf zweier Reiche, einer reinen Lichtwelt, über die Ahuramazda herrscht, und einer Welt der Finsternis, beherrscht von Ahriman („Der Arggesinnte"), dem alles Verderbliche, Lasterhafte und Unreine zugehört. Er lernt die vielen guten und bösen Geistwesen kennen, die bestrebt sind, die Menschen ihrem jeweiligen Reich zuzuführen. Und er erfährt, daß der einzelne Mensch frei ist, sich für eine

von beiden Mächten zu entscheiden, und nach seinem Tod einem individuellen Gericht unterworfen wird. Ahuramazda wird jedoch am Ende der Zeiten siegreich sein und durch einen Heilsbringer/Erlöser eine endgültige Ära des Glücks und des Friedens herbeiführen, die in Ewigkeit fortdauern soll.

Die Juden im babylonischen Exil begrüßten die Perser, die sich durch die Lehre Zarathustras von ihrem bisherigen Polytheismus abgewandt hatten und wie sie einen einzigen Gott verehrten, als Befreier, zumal sie ihnen die Rückkehr in ihre Heimat erlaubten. Ein Teil der Exulanten kehrte tatsächlich nach Jerusalem zurück, wo in der Folge der Tempel und eine jüdische Gemeinde wiedererstanden. Viele blieben hingegen in Mesopotamien und erlangten dort nicht nur wirtschaftliche Macht, sondern auch hohe Stellungen am königlichen Hof und in der Verwaltung.

Der Deute-Engel

Zwei Jahrhunderte lang gehörten die Juden – sei es in der Provinz Judäa, sei es in der mesopotamischen Diaspora – zum Perserreich, das sich von Kleinasien bis nach Indien erstreckte. In diese Zeit fiel die „Endredaktion" der meisten alttestamentlichen Schriften, die um 400, also mitten in der persischen Periode, ihren Abschluß fand. Während darin die Erschaffung der Welt und des Menschen breit geschildert wird, fällt seltsamerweise kein Wort über die Erschaffung der Engel. Wie selbstverständlich sind sie da. Der einzige Text, der sie ausdrücklich unter den geschaffenen Wesen nennt, ist der Psalm 148, der alle Kreaturen zum Gotteslob aufruft. Dort werden zunächst die „Himmelswesen" aufgezählt, am Anfang die Engel und dann Sonne, Mond und Sterne, bevor es in Vers 5 heißt: „(Gott) gebot, und sie waren erschaffen."

Zunächst zeigen sich erstaunlich wenige Spuren der persischen Engellehre, auch wenn man annehmen muß, daß das Judentum jener Zeit die in den alten Erzählungen auftretenden Engel bereits für persönliche, fest umrissene Wesen gehalten hat. Nur in der Beschreibung der prophetischen Ekstasen Ezechiels (1. Hälfte 6. Jh. v. Chr.) und Sacharjas (um 500

v. Chr.) taucht jetzt, wie in den Visionen Zarathustras, ein Deute-Engel auf, der diesen Propheten die sonst unverständlichen Inhalte ihrer Gesichte über die jenseitige Welt erläutert. Erst in den wenigen Schriften des Alten Testaments, deren Entstehung noch einmal zwei Jahrhunderte später als die „Endredaktion" anzusetzen ist, nehmen persische Vorstellungen vom Wirken der Engel überhand. Die Engel erhalten jetzt Namen, und es tauchen neue Arten auf: Neben den Deutern von Visionen gibt es Engel, die aus der Verfolgung retten, und solche, die heilen oder die Gebete der Menschen an Gott übermitteln. Das gilt für das Buch Daniel ebenso wie für die sogenannten deutero-kanonischen Bücher Tobit und Makkabäer, die von den Juden und, seit der Reformation, auch von einem Teil der Christen nicht mehr zur Bibel gerechnet werden, aber großen Einfluß auf die christlichen Engelvorstellungen ausgeübt haben.

Wunderbare Errettungen durch Engel
Während hinter vielen der frühen Berichte über Engelerscheinungen und Prophetenvisionen mystische Erfahrungen stehen dürften, also etwas tatsächlich Geschautes und Erlebtes, gewinnt man bei manchen Erzählungen über Deute- oder Heilungsengel nicht selten den Eindruck, es handle sich um „Papierengel", also um gedankliche, literarische Konstruktionen. Dafür spricht das spektakuläre Auftreten solcher Engel, die zudem jetzt auch oft für die nicht unmittelbar Betroffenen sichtbar werden.

Rein literarische Konstruktionen dürften wohl die erzählerischen Partien des Buches Daniel über die Jünglinge im Feuerofen und Daniel in der Löwengrube sein, deren Tendenz als Erbauungsschriften für das Volk unverkennbar ist. Denn Daniel und seine Freunde gehen siegreich aus der Verfolgung hervor, so daß die Heiden jeweils am Ende den Gott preisen, der seine Diener durch einen Engel wunderbar errettet hat. Der spektakuläre Aspekt wird noch verstärkt in einer der deuterokanonischen Textergänzungen zum Daniel-Buch, die berichtet, der Engel des Herrn habe den Propheten Habakuk, der in

31

Judäa gerade Essen zu den Arbeitern aufs Feld trug, beim Schopf genommen und zu Daniel in die Löwengrube getragen, damit dieser dort nicht verhungere.

Auch das 2. Buch der Makkabäer kündet von einem Engel-auftritt, als der syrische König, zu dessen Reich damals Jerusalem gehörte, seinen Kanzler Heliodor schickte, um sich die Schätze des Tempels ausliefern zu lassen. Da erschien ein schrecklicher Reiter in goldener Rüstung mit zwei Begleitern „in strahlender Schönheit und herrlich gekleidet", die den Eindringling vertrieben (2 Makk 3). Ähnlich verhalfen einmal „fünf herrliche Reiter auf goldgezäumten Pferden" den Juden zum Sieg in der Schlacht (2 Makk 10,29–30).

Heilende und fürbittende Engel
Im Buch Tobit/Tobias, entstanden um 200 v. Chr., will der Autor zeigen, wie Gottes Vorsehung den gerechten Israeliten durch einen Engel wunderbar führt. Diese aufgrund des Schutz-engelmotivs wohl beliebteste Engelerzählung beginnt damit, daß der alte, erblindete und verarmte Tobit inständig Gott um Hilfe anruft, während zur selben Stunde in einer fernen Stadt die junge Sara ebenfalls zu Gott betet, als sie von ihren Mägden verhöhnt wird, weil bereits sieben Männer, die sie hatten heiraten wollen, in der Brautnacht von dem bösen Dämon Asmodi getötet worden waren. Gott sendet daraufhin den Engel Raphael zur Erde, der sich in irdischer Gestalt dem jungen Tobias als Reisebegleiter anbietet. Er wird für Tobias zu einem fürsorglichen Freund und Weggeleiter, befreit das Mädchen vom Dämon und heilt schließlich den alten Tobit von seiner Blindheit.

Erstaunlich an dieser Begebenheit ist die Dauer, während der ein Engel unerkannt mit den Menschen umgeht. Sie erklärt sich aus dem literarischen Genre des Berichts als unterhalt-samer Novelle. Explizit zu greifen ist der persische Einfluß auf den jüdischen Volksglauben jener Zeiten im bösen Wirken Aschmodais, dessen Name abgeleitet ist vom Geist der Wollust *Eshem-der*, der nach dem Avesta, der heiligen Schrift der Zarathustra-Religion, von allen am gefährlichsten ist.

Raphael bezeichnet sich selbst als „einen der sieben Engel, die das Gebet der Heiligen emportragen und mit ihm vor die Herrlichkeit des heiligen Gottes treten" (Tob 12,15). Die Siebenzahl entspricht der Zahl der Würdenträger am persischen Hof (Buch Ester 1,10 und 14). Die Vorstellung, daß Engel die Gebete der Menschen vor Gott bringen, findet sich im Alten Testament nur selten, dürfte aber in jener Zeit schon Allgemeingut geworden sein. Sonst ist davon nur zweimal die Rede: Im Buch Hiob wird in der Rede eines der Freunde ein Mittlerengel erwähnt, der bei Jahwe Fürbitte für einen Kranken einlegt, woraufhin dieser geheilt wird (33, 23–25). Von einem Mittlerengel ist auch beim Propheten Sacharja die Rede, da er im ersten seiner Gesichte hört, wie der Engel des Herrn vor dem himmlischen Hof als Fürsprecher für Jerusalem und Juda eintritt (Sach 1,12).

5. Die apokalyptischen Engel

Im 2. Jahrhundert v. Chr. brach eine Zeit schlimmer Heimsuchungen über das jüdische Volk herein. Unter den Nachfolgern Alexanders des Großen, der zwischen 333 und 326 v. Chr. das Perserreich erobert hatte, konnte Judäa lange von der grundsätzlichen religiösen Toleranz in den hellenistischen Diadochenreichen profitieren. Doch dann kam es zum Konflikt, als der syrische König Antiochus (175–164 v. Chr.) den Tempel zu Jerusalem plünderte und versuchte, heidnische Kulte mit Gewalt einzuführen. Dem widerstanden viele Juden bis zum Martyrium, andere eröffneten unter ihrem Anführer Judas Makkabäus den Partisanenkampf. Nach einem langen, wechselvollen Krieg erlangte Judäa zwar eine relative Selbständigkeit, die aber immer wieder von grausamen Parteikämpfen gezeichnet ist, bis es schließlich, im 1. Jahrhundert v. Chr., in den politischen Herrschaftsbereich Roms geriet. Vor allem aber war es eine Zeit, in der sich die jüdische Religion gegenüber den Versuchungen der griechischen Kultur und Lebensart, die damals mit Macht in den Nahen Osten vordrang, behaupten mußte. Während dieser Phase entwickelte sich, wenngleich nur in relativ kleinen Zirkeln, eine rigorose Opposition zur religiösen und politischen Kultur des Hellenismus, die jedoch durch ihre eindrucksvollen Schriften großen Einfluß auf die nachfolgenden Generationen ausüben sollte. Es entstand die Literaturgattung der sogenannten Apokalypsen, nach dem griechischen Wort *apokalyptein* für „offenbaren/enthüllen", in denen, sehr oft durch die Vermittlung von Engeln, verborgene Dinge mitgeteilt werden. Von diesen Schriften wurde allerdings einzig das Buch Daniel ins Alte Testament aufgenommen.

Das Buch Daniel

Die Gestalt Daniels hat legendäre Züge. Ein Mann seines Namens wird andernorts unter den Weisen der Vorzeit genannt (Ez 14,14 und 28,3). Im gleichnamigen Buch wird unterstellt, daß ein Daniel mit anderen Jünglingen von König Nebukadnezar nach Babylon deportiert und dort zum Hofdienst bestimmt wurde; später habe er sich als Traumdeuter hervorgetan und hohe Ämter bekleidet, sowohl unter den Babyloniern als auch unter den Persern, nachdem diese Babel erobert hatten. In Wirklichkeit dürfte der Text nicht aus der Exilszeit im sechsten vorchristlichen Jahrhundert stammen, sondern aus den schlimmen Jahren der Makkabäerzeit zwischen 168 und 164 v. Chr.

Das Buch enthält neben dem schon erwähnten Legendenkranz vor allem die großen Visionen Daniels, die das Verhältnis der Gottesherrschaft zu den geschichtlichen Mächten zu bestimmen suchen. Zwar wird Daniel einmal gewürdigt, Gott umgeben vom himmlischen Hofstaat auf seinem Thron sitzend zu schauen, wobei der Thron – wie in den Ezechiel-Visionen – auf lodernden Feuerrädern ruht. Er ist aber tief bekümmert, da er das Geschaute nicht versteht. „Da trat ich", so heißt es deshalb, „zu einem von denen, die dastanden, und erbat mir von ihm über alles sichere Kunde. Und er antwortete mir und ließ mich wissen, was die Dinge bedeuteten." In anderen Gesichten Daniels ist es ein „Heiliger" (d.h. ein Engel) namens Gabriel, der ihm in geheimnisvollen Erläuterungen die Zukunft erschließt. Hier wird auch der Engel Michael zum ersten Mal in der Bibel genannt. Sein Kampf mit den Engel-Fürsten der heidnischen Völker im Himmel (Kap. 10–12) ist ein Reflex des Kampfes zwischen Israel und dem Heidentum. Aus Michaels Sieg wird das ewige Reich Israels hervorgehen und gleichzeitig den einzelnen ihr Tun vergolten werden, wenn in der Endzeit die Toten auferstehen, die einen zum ewigen Leben und die anderen zur ewigen Schmach.

Man hat im Buch Daniel den Ursprung der Geschichtsphilosophie gesehen. Es geht darin nicht mehr, wie in den anderen Büchern der Bibel oder bei den antiken Schriftstellern, nur um die Geschichte einer Stadt oder eines Volkes, sondern um die Geschichte aller Reiche der Welt. Aus den *bene elohim*, den Göttern der Völker, sind nun die Engel der Nationen geworden, die sich wohl zeitweise bekämpfen mögen, aber letztendlich dem einzigen und universalen Gott, der alle Reiche und Völker in seine Pläne einbezieht, unterworfen sind.

Engel und Dämonen in den außerbiblischen Schriften
des antiken Judentums
Die antihellenistische Tendenz trieb neben dem Buch Daniel in den beiden Jahrhunderten vor der Zeitenwende in rascher Folge noch eine Vielzahl weiterer Schriften hervor, die auf dem Hintergrund von Spekulationen über die urzeitlichen Anfänge und das zu erwartende Geschehen in der nahen Endzeit auch ausführliche Details über die gute und böse Engelwelt zu berichten wissen. Da nach der im damaligen Judentum vorherrschenden Ansicht die Prophetie verstummt war, wurden derartige Offenbarungen großen Gestalten längst vergangener Zeiten in den Mund gelegt, neben Daniel auch Adam, Henoch, Abraham, Mose, Elija und anderen.

Besonders auffällig ist dabei ein Wandel im Daseinsverständnis. Während die früheren Propheten auf die Wiederherstellung und Erneuerung des irdischen Davidreiches und auf eine Zeit ewigen Völkerfriedens gehofft hatten, brachen jetzt die Vorstellungen Zarathustras vom Kampf zwischen den Reichen des Guten und des Bösen mit Macht ins jüdische Denken ein. Man hoffte auf eine neue Schöpfung, eine neue Weltzeit, die den gegenwärtigen Äon der Sünde und des Todes ablösen sollte, und übernahm den Gedanken einer Auferstehung der Toten in der Endzeit und einer individuellen Vergeltung der guten und bösen Taten. Auch fing man an, von Schutzengeln und vom Todesengel zu reden, das Wirken böser Dämonen in Rechnung zu stellen und den negativen Aspekt Satans immer stärker zu betonen.

Typisch für diese Schriften sind dunkel gehaltene Visionen und Auditionen, Himmelsreisen und deutende Kommentare durch einen Engel oder dessen Stimme. Dabei werden die Funktionen der Engel beträchtlich erweitert, da sie als mittelbare Verursacher des historischen und kosmischen Weltgeschehens gesehen werden. Da sie als ständig wach galten, werden sie jetzt verschiedentlich „Wächter" genannt, ein Ausdruck, den schon der Grieche Hesiod für die übersinnlichen Mächte verwendet hatte. Engel treten wie bei Daniel, wo Michael den Engel-Fürsten der heidnischen Völker als Schutzengel Israels gegenübersteht, als Symbole geschichtlicher Mächte auf, spielen aber auch eine wichtige Rolle im kosmischen Geschehen, sei es als Beweger der Sterne, sei es als Geister, die den Elementen innewohnen. Zahlreiche Texte erwähnen die Engel des Windes, des Donners, der Wolken, des Hagels, der Hitze und Kälte, der Jahreszeiten, des Meeres und des Regens und nutzen die Gelegenheit, das zeitgenössische Wissen über den Aufbau der Erde, die Gestirne, die Entstehung des Regens oder von Blitz und Donner vor dem Leser oder Hörer auszubreiten. Man macht sich jetzt zudem Gedanken über die Erschaffung der Engel, um ihre geschöpfliche Natur zu unterstreichen. Nach einigen Autoren geschah dies am ersten Tag, nach anderen am fünften Tag der Weltschöpfung. Mehrfach wird auch der himmlische Hofstaat beschrieben, was dem Charakter dieser Schriften, die sich als Zeugnisse ekstatischer Visionen ausgeben, entspricht.

Eine fast unendliche Zahl von Engeln und Dämonen wird nun mit Namen genannt. Auch ist die Rede von gefallenen Engeln als Urhebern der Sünde, an der diese Welt zugrunde geht. Als ihre Nachkommen gelten die bösen Dämonen, welche die Menschen verführen und allerlei Krankheiten verursachen, die man durch Austreibung heilen kann. An ihrer Spitze steht ein Fürst, der verschiedene Namen hat: Mastema, Beliar, Samael oder auch Satan, der damit aus einem Mitglied des himmlischen Hofstaates endgültig zum Herrscher über die bösen, gottfeindlichen Mächte wird. Der Gegensatz zwischen der Engelwelt und der Dämonenwelt wird jedoch in der Endzeit durch den Sieg über die Dämonen und ihr Oberhaupt ein Ende nehmen, ein Thema, das in den erst in diesem Jahrhundert entdeckten Schriften von Qumran als Kampf zwischen den Engeln des Lichts und den Engeln der Finsternis eine wichtige Rolle spielt.

Die Engelsünde nach dem Buch Henoch

Unter vielen anderen außerbiblischen Schriften ist hier besonders das nach Henoch, einem der Nachkommen Adams vor der Sintflut, benannte Buch zu erwähnen, eine Kompilation mehrerer Überlieferungen aus verschiedenen Zeiten. Während die Bibel über Henoch nur kurz vermerkt, daß er wegen seines Wandels mit Gott in den Himmel entrückt wurde (Gen 5,18–24), galt er in den apokalyptischen Kreisen als der große Vermittler himmlischen Wissens. Die ihm zugeschriebenen Texte haben durch ihre Auskünfte über die Engel, darunter eine Deutung des Abfalls eines Teils der Engelschar, eine herausragende Stellung erlangt. Henoch lernt auf seiner Reise durch die verschiedenen Himmel die Geheimnisse des Kosmos kennen, ebenso die Namen und Funktionen der Engel sowie der vier höheren Erzengel: Uriel (Feuer Gottes), Raphael (Gott heilt), Gabriel (Kraft Gottes) und Michael (Wer ist wie Gott). Gleicherweise werden weitere Namen erfunden, indem das Suffix *el* (Gottheit) an eine Wortwurzel angehängt wird, welche die Aufgabe oder Qualität des betreffenden Engels bezeichnet.

Auf seiner Himmelsreise bekommt Henoch auch ein Gefängnis gefallener Engel zu sehen, und er berichtet über die Geschichte ihres Falls, den er auf die Verführung der „Göttersöhne" durch die Schönheit der menschlichen Frauen zurückführt, wovon im Buch Genesis (6,1–4) die Rede war. Er zählt die Namen von zweihundert „Wächtern" auf, die einst auf den Berg Hermon herabgestiegen waren, um den Erzengeln bei der Erschaffung des Gartens Eden zu helfen, sich aber dann irdische Frauen nahmen. Aus dieser Verbindung seien Riesen entstanden, welche die Bosheit in die Welt brachten und in ihrem ungeheuren Appetit zuerst den Ertrag der menschlichen Arbeit, dann die Menschen und alle Lebewesen im Wasser und in der Luft verschlangen. Als ihm von den guten Engeln die Zustände auf der Erde gemeldet wurden, sandte Gott den Michael mit anderen Engeln aus, um Abhilfe zu schaffen. Die bösen Wächter wurden in einen finsteren Ort im Bereich der Himmel gesperrt; die Riesen hingegen, ihre Sprößlinge, hingeschlachtet. Aus ihrem Fleisch entwichen jedoch böse Geister, die bis ans Ende der Zeiten ihr Unwesen treiben, was die Fortdauer des Bösen auf Erden erklärt.

Offenbar hat man sich schon damals Gedanken gemacht, wie die gefallenen Engel trotz ihrer Unkörperlichkeit imstande waren, die Riesen zu zeugen. So behauptet das ‚Testament der zwölf Patriarchen', eine Schrift jener Zeit, daß es zunächst die Frauen waren, die durch das Zurschaustellen ihrer Reize im Herzen der Wächter das Verlangen weckten. Diese hätten sich dann in menschenähnliche Scheingestalten, die bis zum Himmel reichten, verwandelt, um mit diesem Anblick ihrerseits die Frauen beim Beischlaf mit ihren Ehemännern zu erregen, was dazu führte, daß Riesen zur Welt kamen (Testament Rubens, Kap. 5).

Göttersöhne und Menschentöchter
Schon sehr früh gab es allerdings auch andere Auslegungen der von Henoch benutzten Bibelstelle. Nicht ohne misogynen Beigeschmack sah man in den „Göttersöhnen" die guten Menschen aus der Abstammungslinie des dritten Adamsohnes Set und in den „Menschentöchtern" die schlechten Frauen, die von dem Brudermörder Kain abstammten. Dieses Verständnis wurde im Mittelalter vorherrschend, als man die Engel als „reine Geister" definierte, die dessen gar nicht fähig waren, was ihnen das Buch Henoch angedichtet hatte.

Für die Deutung der Engelsünde im Henoch-Buch gibt der biblische Text in Gen 6,1–4 keinen Anhaltspunkt. Es könnte zwar sein, daß derartige Spekulationen bereits in der Zeit, als die Endfassung des Buches Genesis entstand, im Umlauf waren und der biblische Erzähler sie nicht gänzlich ignorieren konnte. Es ist jedoch offensichtlich, daß er sie sich nicht zu eigen machte und sie deshalb nur möglichst vorsichtig und knapp erwähnte, um sie zu verfremden und damit zu verharmlosen. Für diese Interpretation spricht die eigenartige Reaktion Gottes auf die Untat. Man erwartet eigentlich, daß – wenn überhaupt jemand – die Gottessöhne bestraft würden. Gottes Spruch richtet sich aber weder gegen sie noch gegen die Menschentöchter, die – mehr oder weniger freiwillig – ihre Bräute wurden, noch auch gegen die aus der Mesalliance hervorgehenden Riesen und Helden, sondern er trifft mit der Begrenzung der Lebenszeit die ganze Menschheit. Damit wird deutlich, daß es dem Text gar nicht um das Thema von Schuld und Strafe geht, sondern um eine ätiologische Erklärung für das Ende der außerordentlichen Langlebigkeit, die nach den Angaben in der unmittelbar vorausgehenden Geschlechterliste (Gen 5) die Anfänge der Menschheit kennzeichnete.

Der Text schließt mit einem Hinweis auf die Existenz von Riesen „in jenen Tagen" und auf die Helden der Vorzeit, wobei ein kausaler Zusammenhang zwischen diesen Helden und dem Tun der Göttersöhne wenn überhaupt, dann nur in seltsam verschlüsselten Worten angedeutet wird. Das könnte ein Licht auf die ursprüngliche Aussageabsicht der umstrittenen Bibelstelle werfen. Man weiß aus Texten, die jüngst in Ugarit, einer im zweiten vorchristlichen Jahrtausend blühenden Stadt an der syrischen Mittelmeerküste, entdeckt wurden, daß es, ähnlich wie bei den Griechen, auch im kanaanäischen Kulturraum Mythen über den Umgang der Götter mit menschlichen Frauen gab. Daraus wären die halbmenschlichen-halbgöttlichen Heroen hervorgegangen, welche die Erde von Ungeheuern säuberten. Da solche Geschichten zum kulturellen Hintergrund seiner Leser gehörten, fand es der biblische Erzähler offenbar angebracht, das sagenhafte Zeitalter der Heroen und Riesen in

Abb. 3: Mesopotamischer Dämon,
7. Jahrhundert v. Chr., Umzeichnung

seine eigene Darstellung der menschlichen Urgeschichte als
reines Faktum und ohne negative Bewertung einzubauen.

Der außermenschliche Ursprung des Bösen
In den meisten Schriften dieser Art ist die Tendenz unverkennbar, das Böse in der Welt nicht mehr, wie sonst im Alten Testament, auf eine vom Menschen begangene Sünde zurückzufüh-
ren, sondern aus einem Geschehen in der jenseitigen Engelwelt
zu erklären. Im Buch Henoch wird, wie erwähnt, der Einbruch
des Bösen dem sexuellen Begehren einiger Engel zugeschrieben.
Der eher neutrale Hinweis der Bibel in Gen 6,1–4 auf das
Zeitalter der Heroen und Riesen erhält jetzt eine negative Fär-
bung, weil die Wächter Geheimnisse verrieten, durch welche
die Welt verdorben wurde. Sie sollen den Männern allerlei
Wissen beigebracht haben, so etwa den Umgang mit Eisen und
Kupfer zur Waffenherstellung und die Verarbeitung von Gold

und Silber zur Schmuckherstellung, während sie die Frauen das Zubereiten von Schminke und Kräutertränken sowie allerlei Zauberkünste lehrten, woraus die beiden Grundübel Krieg und Verführung hervorgingen.

Andere Schriften, so das ‚Leben Adams und Evas', geben als Grund des Bösen Ungehorsam und Stolz an, eine Erklärung, die später von jüdischen und christlichen Theologen, auch vom Koran, der Henoch-Sage vorgezogen wird: Als sich die Stammeltern bei Satan über dessen Täuschung beklagen, erzählt er ihnen, wie es zu seinem Sturz gekommen sei. Als Adam von Gott zum ersten Mal den Engeln vorgestellt wurde, habe er, Satan, sich geweigert, sich vor dem neuen Geschöpf zu verneigen. Auf seine Antwort: „Wie kann ein Sohn des Feuers sich neigen vor einem Sohn des Lehms?" sei er in den Abgrund geschleudert worden, wobei sich ein Drittel der Engel entschloß, ihm zu folgen. Deshalb sehen einige Texte in der Paradiesschlange eine Verkörperung Satans, der sich durch die Verführung des ersten Menschenpaares an Gott für seinen Sturz rächen will. Damit wird die letzte Verantwortlichkeit für das Böse in der Welt in einen transzendenten Bereich verschoben und folgerichtig allein von dort die Heilung der verderbten Zustände erwartet.

Im Alten Testament selbst steht von all dem nichts. Das Wort *ha-satan*, der „Widersacher/Ankläger", ist eine im profanen Bereich allgemein gebräuchliche Bezeichnung für einen Opponenten, in besonderen Fällen für den Ankläger vor Gericht, seltener für ein Geistwesen, das dem Menschen im Auftrag Gottes entgegentritt. In der persischen Zeit erhält dieser „Satan" zunehmend Funktionen, die in früheren Texten noch von Gott selbst wahrgenommen wurden: Prüfung und Versuchung der Menschen. Er wird aber noch nicht als ein gottfernes Wesen angesehen, sondern gehört, wie im Prolog des Buches Hiob, zu den Göttersöhnen, die sich vor Jahwe versammeln. Offenbar hat er die Aufgabe, die Erde zu durchstreifen, um im Himmel über das Tun der Menschen zu berichten. Gott teilt ihm sogar genau begrenzte Machtbefugnisse zu. Satan darf zum Zwecke der Prüfung Hiobs in einem ersten Schritt dessen Kinder vernichten und danach auch seine Gesundheit antasten, während ihm die Tötung ausdrücklich versagt bleibt. Außer im Buch Hiob ist von Satan als dem Ankläger noch die Rede in der vierten Vision Sacharjas, in welcher der Prophet eine himmlische Gerichtsverhandlung schaut, in der ein Satan als Ankläger und Widersacher des damaligen Hohenpriesters auftritt, eine Funktion, welche an die des Staatsanwalts im heutigen Rechtsleben erinnert.

Als Eigenname (ohne Artikel) kommt der Ausdruck Satan zuerst im ersten der beiden Chronikbücher aus dem vierten vorchristlichen Jahrhundert vor. Während die schon erwähnte alte Erzählung in 1 Sam 24 noch von der Allkausalität Gottes ausging, da es der „Zorn Jahwes" war, der David zur Volkszählung anstiftete, wird diese Eingebung, welche die Pest als Strafe nach sich zieht, jetzt Satan zugeschrieben, der dabei offenbar nicht, wie bei Hiob, mit Gottes Erlaubnis vorgeht, sondern aus eigener Bosheit handelt (1 Chron 21,1). Von allen alttestamentlichen Schriften sagt jedoch nur das im 1. Jahrhundert v. Chr. verfaßte Buch der Weisheit, ein deutero-kanonischer Text, daß der Tod „durch den Neid des Teufels" in die Welt kam.

Die Schutzengel
Zwar wird im Alten Testament immer wieder von einer schützenden Funktion der Engel berichtet, doch der Gedanke, daß jedem Menschen für dauernd ein besonderer Engel zugeteilt sei, taucht erst im außerbiblischen jüdischen Schrifttum der letzten vorchristlichen Jahrhunderte auf. Nach der Meinung einiger Autoren steht jedem Menschen sowohl ein guter als auch ein böser Engel zur Seite, eine Vorstellung, die vom Erleben des eigenen Triebes zum Guten oder zum Bösen geprägt sein mag.

Die Vorstellung geht vermutlich auf babylonisches und iranisches Gedankengut von Schutzgöttern und Schutzgeistern zurück, die ihren menschlichen Schützlingen im Alltag und in entscheidenden Lebenssituationen beistehen, ihnen als Mittler zum höchsten Wesen oder zu den Hochgöttern dienen und sie zudem gegen die Willkür feindlicher Götter und Dämonen verteidigen. Auch war in der Antike die Vorstellung von einem Genius oder Engel als Doppelgänger/Zwilling verbreitet, der den göttlichen Anteil in jedem Menschen repräsentierte und ihn schützte und inspirierte.

Der Todesengel
Die biblische Religiosität kannte ursprünglich nicht jene Hoffnung auf ein Leben nach dem Tode, die später in der jüdisch-christlichen Tradition eine so große Rolle spielen wird. In den Berichten über die Zeit der Patriarchen und noch der Könige stellte man sich das Sterben als ein Hinabsteigen in die Unterwelt vor, wo die Toten nur noch als Schatten existierten. Als einzige Möglichkeit für eine persönliche Zukunft über den Tod hinaus galt das Weiterleben in den Nachkommen. Die Vorstellungen etwa der Ägypter über ein Totengericht, von dem die Verstorbenen je nach ihren guten oder bösen Taten verschiedenen Abteilungen der Unterwelt zugewiesen wurden, haben ins Alte Testament kaum Eingang gefunden. Nirgends wird dort die jenseitige Welt näher ausgemalt. Gewiß war man von der Vergeltung für alles Tun überzeugt. Aber den Lohn für ein gutes und die Strafe für ein schlechtes Verhalten konnte man sich nur innerhalb des irdischen Lebens vorstellen, wenn schon nicht immer im Leben des einzelnen, so doch im Leben seiner Nachkommen. Erst in den Schriften aus der Makkabäerzeit verbreitete sich im Judentum der Gedanke an ein neues Leben nach dem Tode, sei es in einer „Auferstehung des Fleisches", worunter man eine Wiedererweckung der Toten in ihrer leib-seelischen Ganzheit durch einen besonderen Akt Gottes verstand, sei es in einer „Unsterblichkeit der Seele" ohne Leiblichkeit, eine Vorstellung, welche die in der griechischen Philosophie übliche Unterscheidung von Geist und Materie voraussetzt.

Es ist leicht verständlich, daß der Tod mehr als andere Unheilsmächte schließlich personhafte Züge annahm. Oft wird er mit Satan in Verbindung gebracht, da das Sterben als ein unerwünschtes und zerstörerisches Ereignis erfahren wird. In der Bibel selbst wird jedoch nie ein Engel erwähnt, der den Indivi-

duen im Auftrag Gottes den Tod bringt; der „Verderberengel"
läßt eher an Pest oder ähnliche Epidemien, also kollektive Katastrophen, denken. Erst mit der Verbreitung der Lehre, jedes
Einwirken der Gottheit auf die Welt werde durch einen besonderen Engel repräsentiert, kam die Vorstellung von einem Got-
tesboten als einem selbständigen Wesen auf, dessen Aufgabe es
ist, die Seele vom Leib zu trennen.

Dieser Engel führt dann oft auch die Seelen ins Jenseits. Die
Vorstellung, daß die Seelen der Verstorbenen durch Tiere, Götter oder andere Wesenheiten geleitet werden müßten, reicht in
die Frühzeit der Menschheit zurück und ist durch die Wiederentdeckung der ägyptischen Totenbücher oder das Tibetische
Totenbuch auch in heutiger Zeit wieder bekannt. Man meinte
nämlich, die Seele brauche einen Führer, damit sie sich nach
Verlassen ihres Körpers nicht verirre; denn wenn sie dabei die
Fassung verliere, könnten sich ihre Ängste so sehr steigern, daß
sie verrückt werde. In diesem Augenblick ist es die Aufgabe der
himmlischen Seelenführer, ihnen zu helfen. Die Griechen nann-
ten diese Gestalt *psychopompos* (zusammengesetzt aus *psyche*
für Seele und *pompos*, das vom Verb *pempein* kommt, das eigentlich „senden", aber auch „geleiten" meint). Seelengeleiter
war bei den Griechen vornehmlich der Gott Hermes, bekannt
aus der Geschichte des Orpheus und der Eurydike, in der er
den Abstieg des Orpheus ins Totenreich und den Versuch der
gemeinsamen Rückkehr zu den Lebenden ermöglichte. Die
Rolle des Hermes als Seelengeleiter wird im Christentum der
Erzengel Michael übernehmen.

6. Die Engel im Neuen Testament

Zur Zeit Jesu verneinten unter den Juden lediglich die konser-
vativen Kreise um die Priesterpartei der Sadduzäer die Existenz
von Engeln und Geistern wie auch die Auferstehung der Toten
(vgl. Apg 23,8 und 4,2; Mt 22,23–32 par.), weil darüber in der
Thora, den ersten fünf Büchern der Bibel, die sie allein als
göttliche Offenbarung anerkannten, nichts geschrieben war.
Man darf aber wohl annehmen, daß sie an den dort berichteten

Engelerscheinungen, verstanden als sinnlich wahrnehmbare Manifestationen Gottes, festhielten und nur die neuen Lehren über die Vielfalt einer eigenständigen Engel- und Dämonenwelt ablehnten. Für den Großteil der damaligen Juden hingegen hatten sich die alten Engelberichte mit den neuen, im vorigen Kapitel dargelegten Spekulationen der außerbiblischen Schriften untrennbar vermischt. Diese wurden zwar letztlich doch nicht in die Bibel aufgenommen, hinterließen aber sowohl im rabbinischen Judentum der folgenden Jahrhunderte als auch im entstehenden Christentum deutliche Spuren.

Engelerscheinungen

In den mehr nach theologischen als historischen Gesichtspunkten gestalteten Kindheitsgeschichten Jesu des Matthäus- und Lukasevangeliums erscheinen die Engel besonders häufig, um durch die außergewöhnlichen Begleitumstände seiner Geburt die einzigartige Rolle Jesu im göttlichen Heilsplan hervorzuheben. Bei Matthäus ist es ein namenloser „Engel des Herrn", der Joseph mehrfach erscheint, um sowohl im kritischen Moment der Entdeckung der Schwangerschaft Marias (1,18–24) als auch bei der Bedrohung durch den Kindermörder Herodes (2,13) die Kindheit Jesu vor Schaden zu bewahren und seine Rückkehr aus Ägypten nach Nazareth (2,19 und 22) sicherzustellen. Auch bei Lukas tritt der „Engel des Herrn" auf. Er verkündet in der Nacht der Geburt des Jesuskindes den Hirten die freudige Botschaft, während ganze Engelchöre mit ihrem Gesang über den Fluren von Bethlehem das Ereignis lobpreisen (2,8–20). Vor allem aber wird im Lukasevangelium der schon bei Daniel genannte Engel Gabriel tätig. Zunächst bei der Geburt Johannes des Täufers, des Vorläufers Jesu. Er erscheint dem Priester Zacharias, dessen Frau Elisabeth schon alt und immer noch kinderlos ist, beim Opferdienst im Tempel zu Jerusalem und kündigt ihm an, er werde einen Sohn haben, den er Johannes nennen solle. Da Zacharias zweifelt und um ein Zeichen der Bekräftigung bittet, bedeutet ihm der Engel, er werde stumm sein, bis sich alles erfüllt habe (1,5–22). Bald danach wird derselbe Engel

Gabriel von Gott zu Maria, der Verlobten Josephs, gesandt, um ihr die Geburt eines Sohnes zu verkünden, den sie als Jungfrau vom Heiligen Geist empfangen werde (1,26–38).

Im öffentlichen Leben Jesu sind in der Folge Engelerscheinungen relativ selten. Sie zeichnen sich durch das in den alten Engelerzählungen geläufige Motiv des himmlischen Zuspruchs aus. Engel betreuen Jesus nach seinem vierzigtägigen Fasten in der Wüste („Engel kamen und dienten ihm") und in seiner letzten Erdennacht am Ölberg, als er angstvoll auf die Knie fällt und fleht: „Wenn es dir möglich ist, Vater, laß diesen Kelch an mir vorübergehen! Aber nicht mein, sondern dein Wille geschehe", kommt ein Engel vom Himmel und stärkt ihn (Mt 26,36–46 par.).

Nach Jesu Tod und Auferstehung präsentieren sich die Engel als Deute-Engel, so wenn sie den Jüngerinnen Jesu seine Auferstehung von den Toten verkünden, als diese am Morgen nach dem Sabbat zur Salbung des Leichnams zu seinem leeren Grab kommen (Mt 28,1–10; Mk 16,1–8; Lk 24,1–10). Ähnlich wird den Jüngern, als Jesus am vierzigsten Tag nach der Auferstehung auf dem Ölberg vor ihren Augen zum Himmel auffährt, von zwei weißgekleideten Engeln das Geschehen gedeutet. Sie sagen zu den Aposteln, die ihm nachstarren: „So wie ihr ihn habt weggehen sehen, wird er wiederkommen" (Apg 1,4–12).

Auch in der „Apostelgeschichte", welche die Ausbreitung des Christentums von Jerusalem aus über den ganzen Bereich des östlichen Mittelmeers schildert, setzen die Engel ihre Tätigkeit fort, jetzt zum Nutzen der jungen Gemeinde. Einer inspiriert den Diakon Philippus, sich an der Straße von Jerusalem nach Gaza zu postieren, wo er auf den Kämmerer der äthiopischen Königin trifft, der ihn schließlich um die Taufe bittet (8,26–40). Dem römischen Hauptmann Cornelius, der in Caesarea am Meer Dienst tut und der jüdischen Religion sehr zugetan ist, bedeutet ein Engel, er solle Boten nach Jaffa schikken, um Petrus zu holen, eine Engelinitiative, die dazu führt, daß nun auch Heiden in die Christengemeinde aufgenommen werden (Kap. 10). Auch über wunderbare Errettungen wird berichtet. Ein Engel öffnet den Aposteln die Gefängnistore, als

sie zu Beginn ihres Wirkens wegen ihrer Predigten gefangenge-
setzt werden (5,19). Ein anderer Bericht handelt in einer späteren Zeit vom Apostel Petrus, der ins Gefängnis geworfen wurde, um ihm den Prozeß zu machen. Doch in der Nacht vor der
Verhandlung, als Petrus mit Ketten gefesselt zwischen zwei
Soldaten schläft, erscheint ein Engel in seiner Zelle. Die Ketten
fallen ab, und Petrus geht mit dem Engel ungehindert an den
Wachen vorbei, bis zum Tor des Gefängnisses, das sich von
selbst öffnet. Auf der Straße dahineilend, glaubt Petrus noch zu
träumen. Erst als der Engel plötzlich verschwindet, versteht er,
was geschehen ist. Als er dann im Haus, wo die Gemeinde für
ihn Tag und Nacht gebetet hatte, anklopft, meinen die Haus-
bewohner: „Es ist sein Engel" (Apg 12,6–17), da man sich damals, wie schon erwähnt, den Schutzengel eines Menschen als
eine Art Doppelgänger, sein Alter ego, vorstellte.

Auf den ersten Blick ähneln all diese Berichte den alttestamentlichen Engelerzählungen. Doch wenngleich die Erscheinungen die schon bekannten Funktionen der Weisung, der
Stärkung, der Deutung eines Geschehens oder der Errettung
aus einer Verfolgung haben, ist ein Wandel im Engelbild unverkennbar. Denn während es bei den frühen Erscheinungsberichten erst im Laufe des Geschehens oder gar hinterher klar-
wurde, um wen es sich handelte, wird nun der Engel meist von
vorneherein als überwältigendes Wesen wahrgenommen. Allein sein Auftreten ruft Erschrecken hervor (Mt 28,4–5; Mk
16,5; Lk 1,12 und 29; 2,9–10; 24,5), weshalb er jetzt sagen
muß: „Fürchte dich nicht!" bzw. „Fürchtet euch nicht!"

Man kann sich bei den Engelszenen der Kindheitsgeschichten oder der Berichte über Gethsemane, Jesu Auferstehung und
Himmelfahrt, des Gedankens nicht ganz erwehren, daß sie
kein konkretes Erlebnis als Engelerscheinung deuten wollten.
Diese Texte sind eher eine Vorlage für die Meditation, in der
die innere Wahrheit der Glaubensaussagen über die Natur
Christi und seine herausragende Rolle in der Heilsgeschichte
vertieft werden soll.

Der Einfluß des außerbiblischen Schrifttums auf das Neue Testament

Während die neuen Vorstellungen über die Engelwelt in den Erscheinungsberichten des Neuen Testaments nur bei genauerem Hinsehen erkennbar sind, treten sie an anderen Stellen viel offener zutage. Zwar wird manchmal die Meinung vertreten, das Neue Testament sei hinsichtlich der Engel und Dämonen ausgesprochen zurückhaltend, doch kann dies höchstens im Vergleich zum außerbiblischen Schrifttum gelten. Denn statistisch gesehen, werden in ihm die guten und bösen Geister viel häufiger erwähnt als im gesamten Alten Testament, das zudem nahezu viermal so umfangreich ist.

Selbst Jesus teilte nach Darstellung der Evangelisten die Auffassungen seiner Zeitgenossen über die Existenz und Natur der Engel und Dämonen. Er sagt zum Beispiel, über die Bekehrung eines Sünders werde Freude sein vor den Engeln Gottes (Lk 15,10) und spricht von den Engeln der Kinder (Mt 18,10) ganz im Sinne der volkstümlichen Vorstellung, daß es nicht nur für das ganze Volk Israel, sondern auch für jeden einzelnen Menschen einen Engel gibt, der ihn vor Gott vertritt. In seinem Gleichnis vom armen Lazarus wird dessen Seele von Engeln (als *psychopompoi*) in Abrahams Schoß getragen, d.h. in die Gemeinschaft der Seligen an einem himmlischen Ort (Lk 16,22). Besonders häufig schildert Jesus, ganz im Sinne der außerbiblischen Texte, die Rolle der Engel am Weltende. Sie scheiden in den Gleichnissen vom Unkraut und vom Fischernetz die Gerechten von den Sündern (Lk 13,37–50; Mt 13,47–50), begleiten den Menschensohn bei seiner Wiederkunft (Mt 16,27 und 25,31) und führen die von ihm Auserwählten aus allen vier Windrichtungen zusammen (Mt 24,31); die Bösen hingegen kommen in das „ewige Feuer, das für den Teufel und seine Engel bestimmt ist" (Mt 25,41). Auch Satan gilt also als eine selbstverständliche Realität. Er regiert über ein wohlorganisiertes Reich (vgl. Mk 3,24, par.), das seinem Fürsten Beelzebul/Beelzebub gehorcht (Mk 8,22 par.), der die Heere der bösen Geister anführt, welche die Menschen überfallen und Plagen und Krankheiten bringen (vgl. z.B. Mk. 5,1–20, par.).

Schon zu Beginn des öffentlichen Lebens Jesu erscheint das Haupt der gefallenen Geister höchstpersönlich, um Jesus in Versuchung zu führen, als dieser nach seiner Taufe in der Wüste vierzig Tage lang gefastet hatte. Offenbar meinten die Evangelisten, der Teufel sei Jesus in erkennbarer Gestalt gegenübergetreten, auch wenn die Einzelheiten der Darstellung (das Versetzen auf die Tempelzinne, die Mitnahme auf einen hohen Berg) nahelegen, die Versuchung als das Einwirken des Teufels auf die Phantasie Jesu zu verstehen.

Die Briefe des Apostels Paulus geben gleichermaßen die jüdischen Vorstellungen jener Zeit wieder, wenn sie Gewalten, Herrschaften, Hoheiten, Mächte, Throne, einmal auch einen Erzengel (Eph 1,21; Kol 1,16; 1 Thess 4,16) erwähnen sowie böse Geister (Eph 6,2) und die „Herrschaft jenes Geistes, der in den Lüften regiert und jetzt noch in den Ungehorsamen wirksam ist" (Eph 2,2) oder auf den Kampf verweisen, „nicht gegen Menschen aus Fleisch und Blut, sondern gegen ... die bösen Geister des himmlischen Bereichs" (Eph 6,12). Hierher gehört wohl auch die Anweisung an die Frauen, beim Beten und Prophezeien „wegen der Engel" auf dem Kopf eine „Macht", das heißt nach damaligem Sprachgebrauch einen Schleier, zu tragen (1 Kor 11,10). Fast müssen wir annehmen, daß Paulus fürchtete, das Geschehen zwischen den Göttersöhnen und Menschentöchtern (Gen 6,2) könne sich im Sinne der Auslegung der Bibelstelle im Buch Henoch wiederholen. Allerdings hat man in neuerer Zeit diese Annahme bezweifelt und eine frühchristliche Auslegung des Paulustextes, der die „Engel" mit den Priestern und Bischöfen gleichsetzte, wiederaufgegriffen, sogar einen Schreibfehler beim Kopieren für möglich gehalten. Neben solchen offensichtlichen Notlösungen wurden auch andere Deutungen vorgeschlagen, beispielsweise die Formulierung „um der Engel willen" im Sinne von „weil auch die Engel so tun" zu verstehen, wie die Seraphim in der Prophetenvision des Buches Jesaja, die Gesicht und Scham bedecken (Jes 6,2). Doch bleibt offen, warum die Vorschrift nicht auch für die Männer gelten soll. Größere Wahrscheinlichkeit besitzt die Annahme, daß Paulus, der den Schleier der Frauen als Symbol ihrer Unterordnung unter den Mann ansah, eine Verwischung der Geschlechtsrollen befürchtete, an der die für die Ordnung in der Welt zuständigen Engel sowie die Schutzengel oder die Kultengel, welche die Gebete der Gemeinde nach oben tragen, Anstoß nehmen könnten. Für die These, Paulus habe tatsächlich an eine Versuchung der Engel durch die Schönheit der menschlichen Frauen gedacht, spricht jedoch weiterhin, daß er nur von den betenden und prophezeienden Frauen spricht und wohl annahm, solche ekstatischen Zustände brächten eine besondere Gefährdung mit sich.

Noch deutlicher als bei Paulus treten in einigen der Briefe, die anderen Aposteln zugeschrieben werden, Spuren des Engelbildes im außerbiblischen jüdischen Schrifttum zutage. So heißt es im Judasbrief (V.6) und im 2. Petrusbrief (2,4), Gott habe die Engel, die mit Frauen gesündigt hatten, in die finsteren Höhlen der Unterwelt verstoßen und sie dort bis zum Gericht eingeschlossen. Der Judasbrief (V.14–15) spricht über die „Wiederkunft des Herrn mit seinen heiligen Zehntausenden" sogar unter ausdrücklicher Berufung auf Henoch. Im selben Brief (V.9) ist die Rede von einem Kampf Michaels mit dem Teufel um den Leichnam des Moses, was sicher auf eine jüdische Überlieferung zurückgeht, die verlorengegangen ist.

Die Geheime Offenbarung des Johannes ist, wie schon ihr Name besagt, am stärksten von der apokalyptischen Literatur geprägt. Zwar enthält sie Reminiszenzen an biblische Texte, etwa wenn sie bei der Schilderung der Vorgänge im himmlischen Thronsaal die Visionen der Propheten Jesaja, Ezechiel und Daniel wiederaufnimmt. Andererseits verwendet sie jedoch viele Motive aus dem außerbiblischen Schrifttum. Da sich in ihrem Text das Gericht über die Welt in kosmische Dimensionen weitet, werden die Engel zu Helfern Gottes in der Geschichte ebenso wie in der Natur. Verschiedenartigste Engelwesen treten auf, um am Ende der Welt zahllose Katastrophen auszulösen: die Engel der vier Winde und die sieben Engel der Posaunen, die sieben Engel mit den sieben goldenen Schalen, die gefüllt sind mit den sieben Plagen, ein Engel, der Macht hat über das Feuer, und ein anderer, der Macht hat über das

Wasser, der Engel des Gerichts und ein Engel, der die Raub-
vögel zusammenholt, die das Fleisch der in der endzeitlichen
Schlacht Getöteten fressen sollen, um die Erde zu reinigen. Am
anschaulichsten zeigt sich die gewaltige Macht der Engel über
die Natur, wenn sie am Ende aller Geschichte den Himmel
„einrollen" samt Sonne, Mond und Sternen, um der neuen
Schöpfung Gottes Platz zu machen.

Die Herrschaft Christi über alle Engelwesen
Für das junge Christentum mußte sich unweigerlich die Frage
stellen, wie nach der Offenbarwerdung des Heils in Christus,
dem neuen Mittler zwischen Gott und Menschen, die Rolle der
Engel zu sehen sei. Schon die Paulusbriefe, die nach ihrer Entstehungszeit frühesten neutestamentlichen Texte, setzen sich
mit dieser Frage auseinander. Sie sehen Christus, der vor aller
Schöpfung war, als Haupt der Engel, die in ihm erschaffen
wurden (Kol 1,15–17 und 2,10), sowie als Sieger über die Gott
entgegenstehenden Mächte, die er einst vernichten wird (1 Kor
2,6 und 15,24). Diese auch anderenorts bei Paulus vorgetrage-
ne Sicht faßt der Hymnus im Philipperbrief (2,6–11) zusammen, nach dem sich die guten ebenso wie die gottfeindlichen
Mächte vor Christus verneigen müssen: „Er, der göttlicher Gestalt war, ... erniedrigte sich selbst und ward gehorsam bis zum
Tode ... am Kreuz. Darum hat Gott ihn auch erhöht ..., daß in
dem Namen Jesu sich beugen sollen aller derer Knie, die im
Himmel und auf Erden und unter der Erde sind ..." Ganz ähnlich ist im Hebräerbrief die Suprematie Christi beschrieben: Er
ist der Mittler bei der Schöpfung (1,2–3, vgl. Kol 1,15) und
über die Engel erhaben (1,3–14, vgl. Eph 1,20–21), er war
(durch die Menschwerdung) unter die Engel erniedrigt und
wurde dann über sie erhöht (2,5–10). So sind die Engel „nur
dienende Geister, ausgesandt, um denen zu helfen, die das Heil
erben sollen" (1,14). Auch der 1. Petrusbrief schließt sich der
Paulinischen Lehre an: „... dort ist er [Christus im Himmel]
zur Rechten Gottes, und Engel, Gewalten und Mächte sind
ihm unterworfen" (3,22).
Nur scheinbar ist nichts dergleichen in den Evangelien er-

wähnt. In Wirklichkeit werden die gleichen Vorstellungen mit anderen Worten und Bildern zum Ausdruck gebracht. So läßt das Johannesevangelium Jesus am Anfang seines öffentlichen Wirkens zu den ersten Jüngern sagen: „Ihr werdet den Himmel geöffnet und die Engel Gottes auf- und niedersteigen sehen über dem Menschensohn" (Joh 1,51), damit Jakobs Traum aufgreifend, um den Dienstcharakter der Engel am Werk Jesu und ihre Unterwerfung unter seine Sendung zum Ausdruck zu bringen. Bestimmend ist aber vor allem das Motiv der absoluten Macht Jesu über die Dämonen, das so häufig in den Berichten über sein öffentliches Leben wiederkehrt. Beispielsweise vertreibt er einen Dämon aus einem Mädchen (Mk 7,25–30 u. ö.) und heilt Frauen von Dämonen – allein bei Maria Magdalena waren es sieben (Lk 8,2) –, oder er schickt die Dämonen des Besessenen von Gerasa, deren Zahl Legion ist, in eine Schweineherde, die sich im See ertränkt (Lk 8,26–33). Und diese Macht gibt Jesus als eine der hervorragendsten Geistesgaben auch an seine Jünger weiter (Mk 3,15).

Jesu Leben als ein Kampf mit dem Bösen kommt am deutlichsten bei Johannes zum Ausdruck, dessen Evangelium – in einem fast dualistischen System – die Welt des Lichts, der Wahrheit und Freiheit, verkörpert in Jesus, einer anderen Welt der Finsternis, der Lüge und Knechtschaft gegenüberstellt, deren Fürst der Teufel ist. Die Aufrichtung der Gottesherrschaft geht Hand in Hand mit der Überwindung des bösen Geistes und seiner Scharen, die jetzt in allem Unglück und Leid der Menschen ihr böses Wesen treiben. Im Johannesevangelium heißt es dazu: „Jetzt wird Gericht gehalten über diese Welt; jetzt wird der Herrscher dieser Welt hinausgeworfen" (12,31), und in der Geheimen Offenbarung wird „die alte Schlange" eindeutig mit Satan gleichgesetzt und der Sturz des „alten Drachen" geschildert: „... sein Schwanz zog den dritten Teil der Sterne [Engel] des Himmels hinweg und warf sie auf die Erde ... und Satan, der die ganze Welt verführt, ward geworfen auf die Erde, und seine Engel wurden auch dahin geworfen" (Off 12, 4–10).

Ähnliches über den Sturz des Bösen sagt Jesus im Lukasevangelium: Satan sei „wie ein Blitz vom Himmel gefallen" (10,18). Dieses Jesuswort bei Lukas wurde seit jeher auf ein Spottlied bei Jesaja über den König von Babylon (14,3–21) bezogen, der sich selbst vergöttlicht hatte und darum gestürzt wurde. Dieses Lied steht am Ursprung des Namens Luzifer für die spätere Symbolfigur des gefallenen Engels. Jesaja hatte nämlich in seinem Text den stolzen König als „Glanzgestirn" bezeichnet, was in der griechischen Bibel mit *heosphoros* („Bringer der Morgendämmerung"), in der lateinischen mit *lucifer* („Bringer des Lichts") wiedergegeben ist. Das Buch Jesaja hatte offenbar einen archaischen Mythos von einem Gestirngott, der die Höhe des Himmels stürmen wollte, aufgegriffen. Da in Texten aus Ugarit der Beiname „Glänzender" und „Sohn der Morgendämmerung" für Luzifer auftaucht, handelte es sich bei der Schilderung seines Sturzes vermutlich um eine Parallele zum griechischen Phaeton-Mythos, in dem der Name des Protagonisten ebenfalls „scheinen/glänzen" bedeutet.

Ausgangspunkt für den Mythos könnte die Naturbeobachtung gewesen sein, daß der zunächst sieghaft aufgegangene Morgenstern vor den Strahlen der aufgehenden Sonne verblassen muß. So erzählte man, der Morgenstern habe sich vorgenommen, hoch über den Wolken und den höchsten Sternen auf dem Götterberg seinen Thron zu errichten und damit dem höchsten Gott die Herrschaft zu entreißen, ein Usurpationsversuch, der kläglich mit dem Sturz in die Unterwelt endete. Der Text über „Luzifers" Sturz diente übrigens, zusammen mit einer ähnlichen, ironischen Totenklage bei Ezechiel über einen König von Tyrus (28,11–19), als Argument gegen eine Lehre, die aus zwei Bibeltexten, in denen der Teufel als Mörder und Sünder „von Anfang an" bezeichnet wird (Joh 8,44 und 1 Joh 3,8), ableiten wollte, Satan sei bereits böse geschaffen worden und nicht erst durch seinen Hochmut zu Fall gekommen.

Mit diesem letzten Hinweis auf die Natur Satans kann der Überblick über die Aussagen der Bibel zum Thema Engel abgeschlossen werden, da nun alle Elemente vorliegen, aus denen in den nächsten eineinhalb Jahrtausenden eine systematisierte Engellehre entstehen wird.

II. Die Engel in Spätantike und Mittelalter

Das Christentum hat nach seiner in der zweiten Hälfte des 1. Jahrhunderts erfolgten Trennung vom Judentum dessen Überzeugung von der Existenz der Engel nie näher hinterfragt. Davon zeugen die Märtyrergeschichten und die zahlreichen außerbiblischen Erzählungen über Jesu Geburt und Kindheit oder das Leben der Apostel und Mariens, die mit vielerlei Erscheinungen hilfreicher Engel phantasievoll ausgeschmückt wurden.

Schon früh begann aber auch eine intellektuelle Auseinandersetzung um die Geistwesen. Dabei ging es zunächst um eine Abgrenzung der christlichen Engelvorstellungen gegenüber den religiösen und philosophischen Zeitströmungen des Neuplatonismus und der Gnosis, in denen Engel- und Geistwesen ebenfalls eine große Rolle spielten. Vor allem aber galt es, die wenig eindeutigen, manchmal sogar widersprüchlichen biblischen Angaben zu präzisieren und zu harmonisieren. Es dauerte nahezu anderthalb Jahrtausende, bis sich in Theologie und Frömmigkeit, nicht zuletzt auch in der Kunst, jenes Bild der Engel geformt hatte, das uns heute geläufig ist.

1. Die großen Theologen und Mönchsväter

Von der Antike bis zum Mittelalter dürfte es kaum einen Theologen gegeben haben, der nicht mit seinen besonderen Vorstellungen zur Systematisierung der Lehre von den Engeln beigetragen hätte. Es seien hier wenigstens einige der wichtigsten Namen genannt, bevor im folgenden Kapitel das Ergebnis dieser langen Entwicklung in seinen verschiedenen Aspekten dargelegt wird.

Die Anfänge einer philosophischen Engellehre im Judentum
Neben den Spekulationen der außerbiblischen Apokalyptiker zeigte sich im antiken Judentum noch eine andere Strömung. Ihr Ziel war es, die Berichte der Bibel über das Auftreten von

Engeln den philosophisch gebildeten Zeitgenossen einsichtig zu machen. Der hervorragendste Vertreter dieser Tendenz war *Philo von Alexandrien* (13 v. Chr. – ca. 45/50 n. Chr.), der viele spätere christliche Theologen inspirierte, weil er als erster die Widersprüche zwischen der griechischen Philosophie und der biblischen Überlieferung zu versöhnen suchte.

Nach Philo hat der oberste Gott die Welt aus der ewigen Materie durch die Vermittlung des Logos gestaltet. *Logos*, d. h. Wort, bedeutet für ihn „wirksame Vernunft", durch die das höchste Wesen ordnend in die Welt einwirkt, wobei die aus dem Logos hervorgehenden Einzellogoi, die in etwa den platonischen Ideen entsprechen, mit Sterngeistern, Engeln und Dämonen gleichgesetzt werden können. Was die Engel als Boten angeht, so meinte Philo, daß Gott, da er in seiner absoluten Transzendenz nicht erkannt werden könne, sich dem Menschen zeige, indem die Seele den Eindruck seiner Gegenwart in einer engelhaften Form empfange, ähnlich wie in manchen Lehren des Hinduismus das Brahman, der gestaltlose und unpersönliche Urgrund des Seins, die Form eines Gottes (Brahma) annimmt, um in der sichtbaren Welt zu erscheinen.

Die Zeit der Kirchenväter

Unter den altchristlichen Schriftstellern, genannt „Kirchenväter", die in Auseinandersetzung mit der antiken Religion und Philosophie das Christentum ihren Zeitgenossen nahezubringen suchten, war einer der größten *Origenes* (ca. 185–254), auch wenn man später in seinem gewaltigen Lehrgebäude einige Aussagen zu finden glaubte, die seine Rechtgläubigkeit in Frage stellten. Besonders anstößig erschienen dabei gewisse Aspekte seiner Engellehre. Nach Origenes hat Gott alle vernunftbegabten Wesen schon vor der Erschaffung der Welt gleich rein und immateriell geschaffen. Ihre Unterschiedlichkeit ist erst die Folge eines Abfalls, den die nachlassende Liebe zu Gott verursachte. Je nach dem Grad der Entfernung von ihrem immateriellen Ursprung gerieten die Geister in Leiber verschiedener Schwere und Dichte. Diejenigen unter ihnen, die sich nur wenig entfernten, wurden zu Engeln mit einem Leib aus ätherischem Stoff, diejenigen hingegen, die schwer sündigten, zu Teufeln mit einem dichteren Leib. Zwischen beiden stehen die Menschen, deren Seelen mit einem Erdenleib behaftet sind. Die Einbindung der Geister in die Materie ist jedoch auch schon ein erster Schritt ihrer Rückkehr zu Gott, denn dadurch hält sich ihre Bosheit in Grenzen. Dieser Gedanke führte Origenes zu der später vehement verurteilten Hypothese, auch die Dämonen könnten sich bekehren. Denn am Ende der Zeiten werde der ursprüngliche Zustand wiederhergestellt, da die Erlösungstat Christi einen neuen Einklang der Freiheit aller Geister mit der göttlichen Gerechtigkeit ermöglicht habe.

Augustinus (354–430) sah die Engel als „erschaffene Weisheit", die Gott bei der Ausgestaltung der körperlichen Welten dienen. Ihre Erschaffung sei schon im biblischen Schöpfungsbericht inbegriffen, nämlich entweder in dessen erstem Satz: „Am Anfang schuf Gott Himmel und Erde", da damit die unsichtbaren und die sichtbaren Dinge gemeint waren, oder am ersten Schöpfungstag, wenn es heißt: „Es werde Licht". Augustin gesteht jedoch ein, daß er nicht viel über die Natur der Engel wisse und weder zum Unterschied zwischen Mächten, Kräften oder Erzengeln noch zu der Frage, ob auch die Gestirne Engelwesen seien, etwas sagen könne. Für die Zukunft wichtig wurde hingegen eine Lehre Augustins, die er in seinem berühmten Werk über den „Gottesstaat" darlegte. Danach wäre in die Zahl der Gottesbürger durch den Abfall der bösen Engel eine Lücke gerissen worden, die aus den Reihen der gläubigen Christen wiederaufgefüllt werden solle, so daß es dereinst nicht zwei Gemeinschaften geben werde, die eine der Menschen, die andere der Engel, sondern nur eine einzige.

Entsprechend vertrat Augustin die Lehre, daß Christen bereits auf Erden ein „engelgleiches" Leben führen sollten. Für ihn geben insbesondere die Mönche Zeugnis von der Seligkeit, die jene erwartet, die reinen Herzens sind. Ihre Bußübungen und ihre Askese bereiten sie auf das unkörperliche Dasein der Engel vor, so daß sie in gewisser Weise bereits hier und jetzt zu Engeln werden, ohne leibliche Bedürfnisse, um Gott in innerer Freiheit, Reinheit und Anbetung ohne Unterlaß dienen zu können. Dieses hier beschriebene Ideal wird das Lebensgefühl der Christen bis weit über das Mittelalter hinaus prägen. Es bedeutet eine der entscheidenden Weichenstellungen in der Kultur- und Gesellschaftsgeschichte des Christentums, indem es den sozusagen „geschlechtslos" lebenden Menschen – den Mönchen und Nonnen sowie später mit der Einführung des Zölibats auch den Priestern – eine Vorrangstellung in der Verwirklichung des Christseins zusprach.

Augustin, der selbst zum Ordensstifter wurde, griff damit Vorstellungen auf, die schon vor seiner Zeit im Ostteil des römischen Reiches weit verbreitet waren. Gegen Ende des 3. Jahrhunderts hatten sich viele Christen Ägyptens in die Wüste bei Theben (*Thebais*) zurückgezogen, um dort als Einsiedler zu leben. Ihr Streben richtete sich auf die Wiedererlangung des Paradieses durch den Verzicht auf Geschlechtsleben und den Genuß irdischer Güter, ein Lebenswandel, wie man ihn auch den Engeln zuschrieb. Als einer der Gründerväter in der Thebais gilt jener *Antonius* (geb. um 251/52), dessen Versuchung durch die bösen Geister häufig in der Kunst dargestellt worden ist. Im Alter von 20 Jahren hatte er sein Vermögen verschenkt und war in die Wüste gegangen, wo er über hundertjährig starb. Als er in seinen Anfängen, so heißt es, einmal ganz verzweifelt war, weil er nicht wußte, wie er sein Leben in der Wüste gestalten solle, habe er seinen Doppelgänger-Engel gesehen, der vor seinen Augen abwechselnd betete und arbeitete und ihm auf diese Weise die fundamentale Norm allen Mönchslebens „Ora et labora!" vor Augen stellte. Eine weitere wichtige Gestalt des frühen Mönchtums ist *Pachomius* (um 290–347), der Begründer des Lebens in klösterlicher Gemeinschaft. Seine Ordensregel, die erste von vielen im christlichen Mönchtum, wird bezeichnenderweise „Engel-Regel" genannt. Denn Pachomius soll sie, nachdem er einige Jahre wie Antonius als Eremit alleine in der Wüste gelebt hatte, von einem Engel empfangen haben. Und die für das Abendland maßgeblich gewordenen Regel des hl. *Benedikt von Nursia* (480–547) postuliert, daß der Mönch eine besonders enge Beziehung zu den Engeln pflegen solle, die ihn ermahnen und trösten, ihn sogar in seiner Zelle besuchen und seine Gebete und Taten vor Gott bringen.

Die erste große Systematisierung der Engellehre erfolgte im Jahrhundert nach Augustin durch *Dionysios Areopagita*. Unter diesem Namen veröffentlichte um 500 ein griechisch schreibender Theologe mehrere Werke, denen er durch einen berühmten Namen mehr Aufmerksamkeit und Autorität verschaffen wollte. Die Apostelgeschichte berichtet nämlich, ein gewisser Dionysios, Mitglied des Areopag, des obersten Gerichtshofs von Athen, habe sich auf die Predigt des Apostels Paulus hin bekehrt (Apg 17,34). Später sah man in ihm einen Bischof dieses Namens in Paris, der dort, allerdings erst gegen Ende des 3. Jahrhunderts, enthauptet wurde und nach dem die im 7. Jahrhundert über seinem Grab errichtete Abtei St. Denis, die Grablege der französischen Könige, ihren Namen erhielt. So entstand schließlich die Legende, der in der Apostelgeschichte genannte Dionysios sei zunächst Bischof von Athen gewesen, dann aber nach Gallien gegangen, wo er den Märtyrertod erlitt. Erst als mit den Humanisten der Renaissance ein neues Gefühl für Historizität aufkam, wurde man sich der Ungereimtheiten in der Überlieferung über die Person dieses Autors bewußt. Seither wird er deshalb meist „Pseudo (falscher)-Dionys" genannt.

Kein kirchlicher Schriftsteller vor ihm hat über das Gesetz und die Bedeutung der Engel in gleicher Fülle Aufschluß gegeben wie Dionys. Während die frühen Kirchenväter noch eine scheue Zurückhaltung, ja fast eine Verlegenheit gegenüber der Engelwelt bewahrten, hat er diese in seiner Schrift ‚Über die Himmlische Hierarchie' in ein theologisches System gebracht. Sein Anliegen war, die reine Geistigkeit der Engel nachzuweisen und die Eigenart und die besondere Aufgabe der einzelnen Engelordnungen zu erfassen. Da Paulus den vier Engelarten, die er im Brief an die Epheser nennt, im Kolosserbrief noch als fünfte Art die Throne angefügt hatte, ergaben sich für Dionys mit den Engeln und Erzengeln, den Cherubim und Seraphim neun Engelchöre. Diese sind, worauf später noch einzugehen sein wird, nach dem Muster der damals vorherrschenden neuplatonischen Philosophie, die von der Dreizahl fasziniert war, in drei Triaden von jeweils wieder drei Ordnungen unterteilt. So entstand ein System, das sich in einer neunstufigen Hierarchie auf Erden bei den Ämtern der Kirche widerspiegelt. Der Ausdruck „Engel", der ursprünglich nur den Boten bezeichnete, der im Auftrag Gottes zu einzelnen Menschen kommt, ist damit endgültig zu einem Sammelbegriff geworden, der sowohl die der göttlichen Weltregierung dienenden Geister als auch all jene Wesen einschließt, die Gottes Majestät veranschaulichen.

Eine ebenso weit reichende publizistische Wirkung hatte *Gregor der Große* (Papst von 590 bis 604). Er kam allerdings zu einer anderen Einteilung als Dionys. Nach seiner Auffassung bilden die Seraphim und die Cherubim, die schauend und lobpreisend Gott umkreisen, eine Gruppe, während eine zweite fünf aktive Ränge umfaßt, die in Welt und Kosmos wirken. Eine dritte Gruppe bilden dann die Erzengel und Engel, die sich an die Menschen wenden.

In den Jahrhunderten nach Gregor wären in unserem Zusammenhang noch viele Namen zu nennen, z.B. *Johannes Scotus Erigena* (9. Jh.), der eine hochspekulative Engellehre entwarf und die Texte des Dionysios Areopagita durch deren lateinische Übersetzung im Westen zugänglich machte. Ebenso äußerte sich *Bernhard von Clairvaux* (1091–1153) häufig über die Rolle der Engel als Fürbitter bei Gott, als Geleiter der Verstorbenen und als Seelenführer, die im Geist des Menschen geistliche Bilder erwecken.

Die christliche Scholastik
Neue Präzisierungen erfuhr die Engellehre im 13. Jahrhundert durch die Scholastik, die mit strenger Methodik unter Berufung auf den Eigenwert des menschlichen Verstandes die Kenntnisse ihrer Zeit in Theologie, Philosophie und den profanen Wissenschaften in ein geordnetes System zu bringen suchte. Unter vielen anderen, die sich detailliert über die Natur der Engel geäußert haben, sind hier besonders zu nennen *Bonaventura* (um 1217–1274) und vor allem *Thomas von Aquin* (um

1225–1274), für den die Existenz der Engel aus Gründen der natürlichen Vernunft einsichtig ist: Da der menschliche Intellekt aus den leiblichen Sinneswahrnehmungen gespeist wird und es unterhalb des Menschens Lebewesen ohne Intellekt gibt, muß es auch oberhalb des Menschen intellektuelle Wesen ohne Leib geben, da die Unvollkommenheit in einer Art stets auf ein Vollkommeneres verweist. Thomas übernimmt weitgehend die Lehre des Areopagiten über die neun Chöre, da die Engel zwar zahllos sind, aber kein ordnungsloser Haufen, vielmehr eine hierarchisch geordnete Vielfalt, eine *„multitudo ordinata"*, darin himmlisches Urbild aller irdischen Gemeinschaften.

Für die weite Verbreitung der scholastischen Engellehre ist ihre dichterische Ausgestaltung durch *Dante* (1265–1321) in seiner ‚Göttlichen Komödie' wichtig geworden. Er folgt bei der Aufteilung der Chöre dem Areopagiten. Während Virgil, der römische Dichter, Dante auf seinem Weg durch Hölle und Fegefeuer begleitet, ist die engelhafte Beatrice seine Führerin durch den Himmel, das Paradies. Auf den unteren Stufen treffen der Dichter und seine Begleiterin zunächst auf biblische und zeitgenössische Heilige, die sich Gott nähern dürfen. Sobald sie die Neunte Sphäre erreichen, sieht Dante einen strahlenden Punkt, der von neun wirbelnden und glänzenden Sphären umgeben ist, die um so leuchtender erscheinen, je näher sie dem Zentrum sind. Beeindruckt wurden Dantes Leser auch durch seine Beschreibung des wegen seiner Hybris wie ein Blitz zur Erde gestürzten Satan. Einst der mächtigste der Seraphim, stürzte er schwer und schwanger mit Sünde wie Blei durch alle himmlischen Sphären und durch die ganze Schöpfung. Die Wucht seines Falles ließ eine riesige Höhle entstehen, die Hölle. Und dort lebt er noch immer, am toten Punkt des Kosmos, und blickt mit seinem riesigen gehörnten Kopf nach Jerusalem. Sein Hintern und seine Genitalien sind festgefroren in schrecklichem Eis, und seine gewaltigen, haarigen Ziegenbockbeine ragen nach oben ins Fegefeuer. Zusammengepreßt von dem ungeheuren Gewicht des gesamten Kosmos, ist er nur eine Masse von Leere und Nichtsein.

Die Lehre der Konzilien

Die Existenz von Engeln wurde im Verlauf des geschilderten Zeitraums von Konzilien als kirchliche Lehre definiert, so schon auf dem Konzil von Nicäa im Jahr 325. Allerdings geschah dies nur implizit, da es dabei nicht vorrangig um ihre Existenz ging, die unbestritten war. Die Aussage des Konzils, die Engel seien Kreaturen, die von Gott geschaffen wurden, richtete sich vielmehr gegen damalige Lehren, die sie für eine Emanation (Hervorströmen) aus dem einen göttlichen Urgrund hielten. Im heute noch gebrauchten Großen Glaubensbekenntnis, das in Nicäa festgelegt wurde, ist deshalb der Formel vom „Glauben an den einen Gott, den allmächtigen Vater, Schöpfer des Himmels und der Erde" der Zusatz beigefügt, „aller sichtbaren und unsichtbaren Dinge".

Die Definition von Nicäa wurde vom IV. Laterankonzil im Jahr 1215 noch einmal ausdrücklich bekräftigt. Es betonte dabei ausführlicher als bisher, daß alles außer dem einen Gott radikal kreatürlich ist und es deshalb kein ungeschaffenes und damit ewiges böses Prinzip gibt, sondern nur endliche Wesen, die durch die freie Entscheidung gegen Gott böse wurden, obwohl sie von ihm ursprünglich gut geschaffen worden waren. Speziell diese Aussage richtete sich gegen die Katharer, eine im 12. Jahrhundert vom Balkan nach Westeuropa vorgedrungene religiöse Bewegung, die unter dem Einfluß alter manichäischer und gnostischer Lehren einen strengen Dualismus vertrat, in dem der gute Gott dem Teufel als dem von Anfang an bösen Schöpfer der Welt gegenüberstand.

Manch heutiger Christ, dem die Vorstellung von einer Engel- und Dämonenwelt fremd geworden ist, mag im Hinblick auf die genannten Konzilstexte für sich persönlich den Schluß ziehen, sie hätten nur sagen wollen: falls es Engel gibt, sind auch sie von Gott geschaffen worden. Schwierig ist dies jedoch angesichts des I. Vaticanums von 1870, da es die früheren Definitionen gerade deshalb mehr oder weniger wörtlich übernahm, um den aufklärerischen Strömungen der Zeit, die eine jenseitige Engelwelt verneinten, ausdrücklich entgegenzutreten.

Exkurs: Die jüdische und die islamische Tradition
Zuletzt sei noch ein kurzer Blick auf die Engelvorstellungen der anderen großen monotheistischen Religionen geworfen. Im Judentum waren sie naturgemäß den christlichen ziemlich ähnlich, da sie auf denselben biblischen und außerbiblischen Überlieferungen fußten. Während des Mittelalters kam es, beeinflußt von der arabischen Philosophie, zu einer rationalistischen und metaphysischen Ausgestaltung der Engellehre, die der europäischen Scholastik ähnelt. Sie hat ihren größten Vertreter in *Maimonides* (1135–1204) gefunden, der größten rabbinischen Autorität jener Zeit. Er vertritt die interessante Meinung, daß die Engel für die prophetischen und visionären Erfahrungen des Menschen verantwortlich seien, wobei es unerheblich ist, ob dies ausdrücklich gesagt wird oder nicht. Da sie ebensowenig wie Gott in körperlicher Form sichtbar werden können, müsse man also unterstellen, daß überall dort, wo die Bibel vom Auftreten eines Engels spreche, dem Geschehen ein Traum oder eine ekstatische Vision zugrunde liege.

Neben dem Rationalismus eines Maimonides entstand im Judentum seiner Zeit die mystische Richtung der Kabbala, die später großen Einfluß auf den christlichen Humanismus der Renaissance gewann. Sie entwickelte sich aus der ekstatischen Meditation über den Thron Gottes, genauer den „Wagen" der Ezechiel-Visionen. Ihre wichtigeren Texte stammen aus dem 12. und 13. Jahrhundert, hauptsächlich aus Spanien, wo der ‚sohar‘, das „Buch des Glanzes", erschien. Die Kabbala versteht sich als Führer auf dem Weg zu Gott, der durch eine Reihe himmlischer Hallen führt und unter Assistenz der Engel beschritten wird. Sie gibt Anleitungen für einen sicheren Aufstieg durch einen „Baum der Engel" unter Anrufung von Engelnamen und Befolgung bestimmter Riten; geheime Losungsworte helfen, die auf dem Weg lauernden Dämonen zu überwinden. Sie beschreibt zehn Sephiroth oder Engel – die eigentlichen Kanäle der göttlichen Energie und die zehn göttlichen Attribute, die das ganze Universum gestalten und beherrschen.

Auch der Islam hat eine ungewöhnlich ausführliche Engellehre ausgearbeitet, sowohl in der arabischen Philosophie des

Mittelalters als auch in zahlreichen mystischen Schulen. Von Anfang an gehörte die Existenz von Engeln zu den grundlegenden Glaubensartikeln. Sie sind subtile und leuchtende Körper, die verschiedene Formen annehmen können, und haben Flügel in unterschiedlicher Zahl. Ihre Aufgabe ist der Lobpreis Gottes und die Mitteilung göttlicher Botschaften an die Propheten von Adam über Abraham, Moses und Jesus bis zu Mohammed. Sie legen für die Menschen Fürbitte ein, leisten ihnen Hilfe und geleiten sie nach dem Tod ins Paradies. Da sie die Taten der Menschen aufzeichnen, sind sie dann auch ihre Ankläger beim Gericht.

Mohammed (gest. 632) hatte nach seinen eigenen Worten die Gesten des von ihm entwickelten Gebetsrituals bei der Beobachtung der anbetenden Engel gelernt. Die im Koran niedergelegten Offenbarungen schrieb er der Vermittlung des Engels Gabriel zu (arabisch *Jibril*), der im östlichen Christentum, von dem Mohammed beeinflußt wurde, als der höchste Engel galt. Auch der Satan/Teufel kommt unter dem Namen *Iblis* im Koran vor. Ursprünglich ein guter Engel, sei er aus dem Paradies vertrieben worden, als er sich weigerte, Adam zu verehren.

2. Die klassische Lehre über Wesen und Aufgaben der Engel

Der Reflexionsprozeß unter den christlichen Theologen über Wesen und Aufgaben der Engel kam in der Scholastik des 13. Jahrhunderts zu einem gewissen Abschluß. Wenngleich eine Reihe von Fragen zwischen den verschiedenen scholastischen Richtungen weiterhin kontrovers blieb, so hatte sich doch über die wichtigeren Aspekte ein Konsens herausgebildet, der von nun an für das christliche Engelbild bestimmend sein wird.

Geisthaftigkeit
Nach allgemeiner theologischer Meinung liegt der fundamentale Unterschied zwischen Mensch und Engel nicht im Geist, den beide besitzen, sondern in der Körperlichkeit, die nur dem Menschen eignet. Doch war auch der Tatsache Rechnung zu

tragen, daß die biblischen Engel sichtbar werden können und damit in die Grenzen von Raum und Zeit eintreten. Sie verweigern zwar manchmal die angebotene Nahrung, wie in der Erzählung von der Berufung Gideons und in der Tobiasgeschichte. Doch andere biblische Szenen, wie die Bewirtung der drei Wanderer durch Abraham oder der nächtliche Kampf Jakobs, unterstellen eine materielle Körperlichkeit. Lange Zeit nahm man deswegen an, die Engel hätten einen Leib, wenn auch von sehr subtiler, „ätherischer" Art, und die Rede von der Immaterialität der Engel sei nur relativ zu verstehen.

Während andere Theologen – so etwa Bonaventura – noch daran festhielten, daß allein Gott reiner Geist sei, vertrat Thomas von Aquin die Auffassung, die schließlich vorherrschend wurde, daß die Engel „reiner Intellekt", „ohne Materie", seien. Andererseits meinte er aber, die Engel könnten nach Belieben einen Körper annehmen und sogar essen, da sie mit Abraham unter der Terebinthe von Mamre gespeist hatten. Was ihr Erkenntnisvermögen angehe, so habe Gott im Intellekt der Engel ein unmittelbares, also nicht wie beim Menschen durch die Sinne beeinflußtes Wissen um die gesamte geistige und materielle Schöpfung grundgelegt. Ihrer reinen Geistigkeit entsprechend, hätten sie auch eine von Raum und Zeit freie Willenskraft. Anders als beim Menschen, dessen Wille ermüden und wankelmütig werden kann, wird bei den Engeln ein einmal gefaßter Entschluß als totale Verfügung über ihr ganzes Wesen unumstößlich.

Kosmisches Wirken und Sphärenmusik

Das ganze Mittelalter hindurch war man überzeugt, daß hinter allem Geschehen in der Völkerwelt und im gesamten Kosmos Engelmächte am Werk waren. Für viele andere Kirchenväter sei hier nur *Clemens von Alexandrien* (gest. nach 215) zitiert: „Aufgrund uralter göttlicher Ordnung sind die Engel auf den Kosmos verteilt", sowie *Gregor von Nyssa* (um 335–394): „Jeder Engelmacht wurde von Gott eine besondere Tätigkeit im Universum zugewiesen." Da jede Kreatur – ob Mensch, ob Tier oder Pflanze – ihren besonderen Engel hat, der auf ihre

Lebensäußerungen, die Geburt der Lebewesen und das Wachstum der Pflanzen, einwirkt, wird den Engeln ein ganzer Komplex von Kausalitäten zugeschrieben. Entsprechendes gilt für alle Elemente, wie Wasser, Feuer oder Luft, und ebenso für die Sonne, den Mond und die Sterne, das Meer und die Erde.

Aus diesen Gedankengängen entwickelte sich die Vorstellung von der Engelmusik und der Sphärenharmonie, die sogar noch die großen Astronomen der beginnenden Neuzeit, wie Kepler und Newton, mit mathematischen Kalkulationen zu bestimmen versuchten. In der islamischen Welt sind es die „tanzenden Derwische", Mitglieder eines mystischen Sufi-Ordens, die durch ihre kreisenden Drehbewegungen an der himmlischen Sphärenmusik teilzuhaben suchen, um in der Ekstase mit dem höchsten Wesen in Kontakt zu treten. Hier kommen uralte Vorstellungen zum Tragen, die in ähnlicher Weise schon seit Pythagoras (6. Jh. v. Chr.) in der griechischen Philosophie heimisch waren und auch in der Bibel ihren Niederschlag gefunden hatten, etwa im Psalm 148, in dem sich alle Kreaturen zum Gotteslob vereinen: „Lobet im Himmel den Herrn! ... Lobet ihn, Sonne und Mond! Lobet ihn, ihr leuchtenden Sterne! ... Lobet ihn, alle Völker!"

So kann eine andere (slawische) Version des Henoch-Buches aus dem siebten nachchristlichen Jahrhundert die Tätigkeit jener Engel, die für den geordneten Gang der Gestirne und der Elemente sorgen, mit den Worten beschreiben: „Sie singen und jubilieren miteinander, ihr Gesang ist unbeschreiblich, und der Herr ergötzt sich an seinem Schemel." Auch für Hildegard von Bingen, die in ihren 77 ‚Symphoniae' das bedeutendste musikalische Gesamtwerk vor dem 14. Jahrhundert schuf, war die Schöpfung durch das klingende Wort entstanden und die menschliche Musik durch die Chöre der Engel. Noch Martin Luther hat denselben Gedanken in einem schönen Lied zum Ausdruck gebracht: „Wer sich die Musik erkiest, / hat ein himmlisch Gut gewonnen; / denn ihr erster Ursprung ist / von dem Himmel hergekommen, weil die lieben Engelein / selber Musikanten sein." So ist es kein Wunder, daß man die Engel schon sehr früh ausdrücklich in „Chöre" einteilte.

Die neun Chöre der Engel

Angaben über verschiedene Klassen innerhalb der Engelwelt finden sich bereits in der christlichen Literatur der ersten Jahrhunderte. So werden im eucharistischen Dankgebet *Cyrills von Jerusalem* (gest. 386) neun Chöre der Engel genannt, was angesichts des hohen Alters der morgenländischen Liturgie vielleicht schon auf das 3. oder gar das 2. Jahrhundert zurückgeht. Allerdings sind die Autoren über die Abfolge der Rangstufen der Engel und deren verschiedene Pflichten und Aufgaben nie ganz einer Meinung, da die Angaben in den verschiedenen Schriften der Bibel kein wirklich schlüssiges Konzept ergeben. Die schließlich allgemein üblich gewordene Einteilung beruht auf zwei grundlegenden Texten, nämlich der ‚Himmlischen Hierarchie‘ des Dionysios Areopagita und der ‚Summa Theologica‘ des Thomas von Aquin.

Danach gibt es unter den Engeln – das Wort ist jetzt endgültig zur allgemeinen Bezeichnung für alle in den neun Chören genannten Wesen geworden – drei deutlich voneinander unterschiedene Gruppen oder Triaden, von denen jede wiederum aus drei Rängen oder Klassen besteht. Die obere Triade steht in direkter Verbindung mit Gott, so daß sie vollkommen und ganz rein ist. Sie kreist tanzend ständig um Gott und singt sein Lob. Da sie ihre Schau unmittelbar auf Gott gerichtet hat, sieht sie durch ihre Nähe zum Urgrund aller Dinge tiefer als die übrigen Engel. Die mittlere Triade schaut nicht den Grund aller Dinge in Gott selbst, sondern in der Vielheit der Ursachen. So ist sie aufgerufen, den göttlichen Weltplan schauend und liebend mitzuvollziehen und die Pläne der ewigen Weisheit an die Engel der nächsten Triade, die über die irdische Welt wachen, weiterzuleiten. Die untere Triade grenzt an unser zeitliches, materielles Universum. Zu ihr gehören die vollziehenden Organe, die den Willen Gottes an die ihnen anvertrauten Geschöpfe übermitteln.

Die Aufteilung der Engel in drei Klassen entspricht ungefähr den Hinweisen im Alten Testament. Dort findet man die Assistenten um den Thron Gottes (Cherubim und Seraphim), die Gehilfen bei der göttlichen Weltregierung im Kosmos und in

Die neun Engelchöre

Erster Chor: Die Seraphim. Sie haben sechs Flügel und glühen vom Feuer ekstatischer Liebe zu Gott, die sie unablässig „Heilig, heilig, heilig" singen läßt. Obwohl sie das höchste Wissen besitzen, ist das Eigentümliche an ihnen jedoch ihr Lieben.

Zweiter Chor: Die Cherubim. Sie haben die Fähigkeit, Gott zu sehen und zu erkennen und ihre Weisheit weiterzugeben. So sind sie die Spender von Wissen. Während die Seraphim die „Vielflügeligen" sind, sind die Cherubim die „Vieläugigen", weil sie Gott, das erste Prinzip allen Wissens, unmittelbar schauen.

Dritter Chor: Die Throne. Wir wissen von ihnen aus der Schrift nichts als den hebräischen Namen *ophanim*. Man könnte an den Widerschein der Gerechtigkeit Gottes denken, die im Bild des herrscherlichen Throns zum Ausdruck kommt. So bringen sie Gottes Gerechtigkeit zu den Menschen.

Vierter Chor: Die Herrschaften (gr. *kyriotetes,* lat. *dominationes*). Sie regeln die Pflichten der unter ihnen stehenden Engelklassen, gehören damit noch nicht zu den eigentlichen Engeln des Dienstes, sondern übernehmen in eigenständiger Führerschaft die göttlichen Pläne, wie ein Baumeister die Pläne des Architekten, ohne dabei selbst Hand anzulegen.

Fünfter Chor: Die Kräfte oder Mächte (gr. *dynameis,* lat. *virtutes*). Sie kümmern sich um die Ausführung der Pläne der Vorsehung. Ihnen dürfte auch die Bewegung der Himmelskörper und die Vermittlung von Energie an die Naturkräfte anvertraut sein. Zu ihnen scheinen jene Engel zu gehören, welche über die rein körperlichen Dinge gesetzt sind. Durch ihre Dienste geschehen auch die Wunder, und sie schenken Anmut und Furchtlosigkeit.

Sechster Chor: Die Gewalten (gr. *exusiai,* lat. *potestates*). Sie sind voll dynamischer Energie und sorgen dafür, daß die Pläne der göttlichen Vorsehung ungehindert zur Ausführung kommen. Durch ihren unerschütterlichen Mut in allem, was sie vollbringen, weisen sie auf Gott hin, die Quelle aller Kraft. Dionysios meint, ihrem Widerstand sei es zu verdanken, daß die Dämonen nicht längst die Welt beherrschen.

Siebter Chor: Die Fürstentümer (gr. *archai,* lat. *principatus*). In ihrer Obhut stehen die Völker und großen Städte auf Erden. Sie bewirken das Entstehen politischer Reiche und den Übergang von einem Reich zum anderen. Durch ihre Führungskraft geben sie ein Beispiel für ein Regierungshandeln nach den höchsten Prinzipien, und sie instruieren die menschlichen Herrscher über die rechte Regierung.

Achter Chor: Die Erzengel (gr. *archangeloi,* lat. *archangeli*). Nach Dionys sind sie die Boten, welche die göttlichen Beschlüsse übermitteln. So gelten sie als die wichtigsten Vermittler zwischen Gott und jenen Menschen, die für das Wohl vieler verantwortlich sind.

Neunter Chor: Die Engel (gr. *angeloi,* lat. *angeli*). Sie sind den Menschen am nächsten und übermitteln jedem einzelnen, ob hoch oder niedrig, Erleuchtung und Weisheit. Zusammen mit den Erzengeln sind sie auch die Wächter über alle physischen Dinge.

der Geschichte (Heerscharen und Göttersöhne/Engel der Völker) sowie schließlich die Boten Gottes an die Menschen. Die Aufteilung in neun Chöre hingegen benutzt zusätzlich die von Paulus angeführten Namen.

Man kann sich allerdings fragen, ob Paulus bei allen von ihm erwähnten Engelarten klar bestimmbare Gruppen meinte. Einige Namen scheinen zwar auf etwas dem betreffenden Chor Eigenes hinzudeuten, sind jedoch teilweise miteinander so verwandt, daß sie unschwer vertauscht werden könnten. Noch stärker betrifft die Unsicherheit dieser Aufteilung die beiden untersten Chöre der Erzengel und der „gemeinen" Engel. Michael und Gabriel werden zum Beispiel „Erzengel" genannt, obwohl sie höheren Rängen als dem zweituntersten angehören könnten, da sie die Legionen des Himmels in ihrem Kampf mit den Söhnen der Finsternis befehligen. (Die deutsche Vorsilbe „Erz-" hat hier nichts mit Metall zu tun. Sie geht vielmehr auf das griechische Wort *archè* (Anfang/Ursprung) zurück, das einen Vorrang andeutet, wie dies auch die Wortverbindungen „Erzbischof" der „Erzbösewicht" zeigen.)

Die Einordnung der Schutzengel
Ein weiteres Problem stellte sich innerhalb der neunstufigen Hierarchie hinsichtlich des Ranges der Schutzengel. Man nahm an, daß sie sich aus dem neunten Chor der gemeinen Engel rekrutieren. Als Rechtfertigung für ihre Verehrung, die sich immer mehr verbreitete, berief man sich auf die Erzählung von Raphael und Tobias und andere Berichte im Alten und Neuen Testament, nach denen Menschen von Engeln beschützt und aus Gefahr und Todesnot gerettet wurden, und verwies auf Psalm 91, den Jesus bei seiner Versuchung durch Satan zitiert: „Er hat seinen Engeln befohlen, daß sie dich behüten auf allen deinen Wegen, daß sie dich auf Händen tragen und du deinen Fuß nicht an einen Stein stoßest."

Hilfe beim Aufstieg zu Gott
Die höchste Triade der Seraphim, Cherubim und Throne steht in direkter Verbindung mit der göttlichen Einheit und ihrer

Herrlichkeit; die nächste Triade der Herrschaften, Mächte und Gewalten, die das himmlische Licht von der ersten Triade empfängt, gibt es ihrerseits weiter an die unterste Triade, die Fürstentümer, Erzengel und Engel, die das Licht dann in die geschaffene Welt und nicht zuletzt zu den sterblichen Menschen bringen. Nach dem schon erwähnten Theologen Bonaventura gilt das hierarchische Prinzip auch in umgekehrter Richtung für den Weg der Menschen, die nach der Vereinigung mit Gott streben. Je mehr sie sich in einem dreifachen Prozeß der Läuterung, Erleuchtung und Vereinigung zu Gott erheben, in um so innigeren Kontakt treten sie zu den entsprechenden Engelchören, so daß sie immer freier von irdischen Verstrickungen werden und sich dem Reich des reinen Geistes annähern.

Bezeichnend für diese Vorstellung ist die Schilderung Bonaventuras, der selbst Franziskaner war, über die Art und Weise, wie Franz von Assisi durch einen Engel der höchsten Ordnung die Wundmale Christi eingeprägt erhielt: Als Franziskus eines Morgens um das Fest der Kreuzerhöhung am Bergeshang betete, sah er einen Seraph mit sechs feurigen, leuchtenden Flügeln vom Himmel herabschweben. Zwischen den Flügeln erkannte der Heilige die Gestalt eines Gekreuzigten, dessen Hände und Füße zur Kreuzesgestalt ausgestreckt und ans Kreuz geheftet waren, und er spürte, wie seine Hände und Füße sowie seine Brust verwundet wurden.

Die gefallenen Engel

Auch die alte Frage, wie es zur Entstehung der bösen Engel kam, findet in der klassischen Engellehre ihre endgültige, wenn auch nicht einstimmige Antwort. An Stelle der Lüsternheit, mit der das Buch Henoch ihren Abfall von Gott erklärt hatte, wird jetzt allgemein der Stolz als Erklärung vorgezogen. Es gibt dabei zwei Varianten: Nach der einen, welche die Erschaffung der Engel mit der Erschaffung des Lichts am ersten Schöpfungstag (Gen 1,3) verbindet, konnte es Satan, welcher der größte der Seraphim und der Herrscher des Himmels war, nicht ertragen, unter Gott zu stehen. Nach der anderen Version nahm Satan nach Vollendung der Schöpfung Ärgernis am präexistenten

Christus, der die Züge des gerade aus Erde geformten Menschen trug und den er deshalb nicht als göttlich verehren wollte. Das sei dann der Grund gewesen, warum er so sehr bestrebt war, den Menschen, das Ebenbild Gottes, zu verderben, und ihn mit der Täuschung: „Ihr werdet sein wie Gott" in seinen Sturz hineinriß.

Zahlen und Namen

Im Hinblick auf die Zahl der Engel werden in der Bibel „zehntausendmal Zehntausende" und „zwanzigtausendmal Zehntausend" genannt (Dan 7,10; Off 9,16, ähnlich Henoch). Dionys meint vernünftigerweise zu diesen Angaben, sie seien nicht wörtlich zu nehmen, sondern ein Hinweis, daß die wahre Zahl der Engel die Fähigkeit menschlichen Zählens übersteige. Im Mittelalter nannte man sehr hohe Zahlen: Albertus Magnus sprach angeblich von vier Milliarden, die jüdische Kabbala wußte von 301 655 722 Engeln, von denen ein Drittel, nämlich 133 306 668, gefallen waren. Man versuchte auch, aus der Rede Jesu von den zwölf Legionen Engeln, die ihm sein himmlischer Vater zu Hilfe schicken könne (Mt 26,53), entsprechende Schlüsse zu ziehen, da eine römische Legion 6 000 Mann stark war. Beliebt war darüber hinaus das Argument aus dem Gleichnis Jesu vom Hirten, der hundert Schafe hat und eines davon verliert (Lk 15,4–6). Man schloß daraus auf ein Verhältnis 1 zu 99 zwischen der Gesamtheit der Menschen aller Zeiten, die man mit dem verlorenen Schaf gleichsetzte, und den guten Engeln, die bei Gott geblieben waren und den übrigen 99 Schafen entsprachen.

Was die Namen der Engel angeht, ist die Bibel äußerst zurückhaltend. Sie erwähnt gerade drei Engel namentlich, Michael, Gabriel und – wenn wir das in der katholischen Bibel enthaltene Buch Tobias mitrechnen – Raphael. Während in der frühen Kirche auch noch eine Anzahl jener Engel verehrt wurde, deren Namen nicht im Alten und Neuen Testament, wohl aber in der außerbiblischen jüdischen und christlichen Literatur zu finden sind, bemühte man sich bald, die Verehrung auf jene wenigen Engel zu beschränken, die in der Bibel genannt werden. Als besondere Gefahr erschien dabei, daß die Anrufung von Engeln unter ihrem Namen mit magischen Praktiken gekoppelt wurde, um sich auf diese Weise die geistigen Energien und Erkenntnisgrade bestimmter Engel anzueignen. So bekämpfte beispielsweise Bonifatius (672/73–754), der „Apostel der Deutschen", einen Engelkult, den ein (vermutlich unkanonisch geweihter) Wanderbischof namens Aldebert propagierte. Er erreichte, daß dessen „Engelgebet", mit Engelnamen wie Uriel, Raguel, Tubuel, Aldinus, Tubuas, Sabaoc und Simiel als Dämonenanrufung, kirchlich verurteilt wurde. Die römische Lateransynode des Jahres 745 erklärte ausdrücklich, für den Christen gebe es nur die drei Engelnamen Michael, Gabriel und Raphael.

3. Die Engel in Liturgie und Frömmigkeit

Nach Darstellung dessen, was über die Engel gedacht wurde, ist auf die gelebte Religiosität einzugehen, wie sie in Riten, Gebeten und Andachtsübungen bis heute zum Ausdruck kommt.

Eucharistiefeier und kirchliche Gebete
Seit jeher hat man den christlichen Gottesdienst als Teilhabe am Lob der Engel vor Gottes Thron gesehen. So betete der Priester früher in der katholischen Messe: „Deine heiligen Engel mögen dieses Opfer auf deinen himmlischen Altar emportragen vor das Angesicht deiner göttlichen Majestät", was auch heute noch, nach der Liturgiereform, wenigstens in einem der zur Verwendung freigestellten Hochgebete fast gleichlautend formuliert ist. Vor dem „Sanctus", dem als Lobgesang auf die Dreifaltigkeit christlich gedeuteten „Heilig! Heilig! Heilig!" aus dem Buch des Propheten Jesaja, fordert der Priester in der „Präfation" die Gläubigen auf, in diesen Gesang der Engel einzustimmen. Er benutzt dabei Formulierungen, die auf die ersten christlichen Jahrhunderte zurückgehen, wie ein liturgischer Text aus dem 4. Jahrhundert zeigt: „Durch ihn [Christus] preisen die Engel deine Majestät, beten die Herrschaften dich an, verehren dich zitternd die Mächte. Die Himmel und Him-

melsgewalten und die seligen Seraphim feiern dich jubelnd im Chor: Heilig, heilig ist der Herr Sebaoth, alle Lande sind seiner Ehre voll."

Neben dem „Heilig, heilig, heilig" stammt noch ein weiteres wichtiges Gebet aus Engelmund. Es ist der sogenannte Englische Gruß, gebildet aus dem Grußwort des Engels Gabriel an Maria: „Gegrüßet seist du, voll der Gnade, der Herr ist mit dir" (Lk 1,28). Dieses „Ave Maria" ist in der katholischen Kirche zu einem der volkstümlichsten Gebete geworden und hat auch darüber hinaus durch seine vielfache Vertonung einen hohen Bekanntheitsgrad erlangt. Desgleichen wird in katholischen Gegenden morgens, mittags und abends mit dem Angelusläuten zu einem Gebet aufgerufen, das die Verkündigung des Engels an Maria zum Inhalt hat. Andere Gebete erwähnen die Engel ausdrücklich oder in einer Umschreibung. Wenn es im „Vaterunser" heißt: „Dein Wille geschehe, wie im Himmel so auf Erden", dann liegt darin eine Anspielung auf den beispielhaften Gehorsam der himmlischen Engelwesen. Bei der Beerdigung wird gebetet: „Zum Paradies mögen die Engel dich geleiten ... Die Chöre der Engel mögen dich empfangen ...", und in der Allerheiligenlitanei werden Michael, Gabriel und Raphael sowie die Engel allgemein um ihre Fürbitte bei Gott angefleht.

Den Engeln werden fortan wie den Heiligen bestimmte Schutzfunktionen zugeteilt. So ist Gabriel aufgrund seiner Rolle als himmlischer Botschafter Patron der Briefboten geworden, und Papst Pius XII. hat ihn im Jahr 1951 zum Patron des Rundfunk- und Fernmeldewesens erhoben. Bei Raphael trat die Qualität als Heiler immer mehr zurück, und er wurde zum typischen Wegbegleiter, zum Inbegriff des Schutzengels, auch wenn er sich diese Funktion bei den Autofahrern mit Sankt Christophorus teilen muß. Seinen Namen trägt auch der Sankt-Raphaels-Verein, der 1871 zur Betreuung katholischer deutscher Auswanderer gegründet wurde. Alle drei Erzengel hängen übrigens seit kurzem am „World Wide Web". Michael, Gabriel und Raphael heißen die Computer, mit denen der Vatikan seit Ostern 1997 seine Internet-Station betreibt. Bei der

Adresse http://www.vatican.va melden sich rund 700 000 Nutzer im Monat.

An erster Stelle in der Engelverehrung stand aber Michael. Ihm wurde nicht nur an Stelle des Gottes Hermes/Merkur die Aufgabe des *psychopompos*, der die Seelen der Verstorbenen in die andere Welt geleitet, übertragen. Da er beim Propheten Daniel als Fürsprecher und Schutzherr Israels erwähnt ist, wurde er von den Christen, die sich als das neue Gottesvolk betrachteten, schon bald als Schutzpatron der Kirche angesehen. Sein in der Apokalypse geschilderter Sieg über den Drachen machte ihn sodann zu einem geeigneten Patron als himmlischer Heerführer in der Schlacht. Seit der Taufe des Frankenkönigs Chlodwig in Reims um 500 war Michael eng mit der fränkischen Monarchie verbunden, und noch im Hundertjährigen Krieg zwischen Frankreich und England machte er sozusagen als Militärberater Geschichte: Die 1431 von einem ortskirchlichen Gericht als Hexe verurteilte Jeanne d'Arc beteuerte in ihrem Prozeß unter Eid, der hl. Michael habe ihr in wiederholten Erscheinungen Anweisungen für die politischen und militärischen Aktionen zur Rettung des Vaterlandes gegeben. Auch die Deutschen entwickelten ein besonders inniges Verhältnis zu St. Michael, da sich die Kaiser des Heiligen Römischen Reiches Deutscher Nation als Nachfolger der fränkischen Karolinger und als Schirmherren der Kirche verstanden. Die vielen Michelsberge, wie die in Bamberg oder Siegburg bei Bonn aus dem 11. Jahrhundert, um nur einige zu erwähnen, zeugen davon ebenso wie die Redensart vom „deutschen Michel", aus der später ein Spottname für die Deutschen wurde.

Michaelsheiligtümer
Während noch Augustinus das Gebet zu den Engeln ebenso abgelehnt hatte wie die Weihe von Kirchen zu ihren Ehren, zeigte sich die herausragende Bedeutung Michaels darin, daß man ihm, seltener Gabriel und den Engeln in ihrer Gesamtheit, seit der Spätantike besonders häufig Kirchen weihte. Oft errichtete man sie über früheren Tempeln, ein Mittel, um die Verehrer der alten Gottheiten an den neuen Christenglauben zu

binden, zum ersten Mal um 320 in Alexandrien an Stelle des dortigen Saturntempels; in Konstantinopel gab es bald 15 Michaelskirchen und in Rom zu Ende des 9. Jahrhunderts deren sieben. Für viele von ihnen lassen sich Gründungslegenden anführen.

Im Abendland ist der Monte Gargano bei der Stadt Manfredonia am Adriatischen Meer eines der ältesten und bedeutsamsten Heiligtümer Michaels, dessen Ursprung bereits auf das Jahr 490 zurückgeht. Nach der Legende hatte sich ein Herdenbesitzer namens Gargano mit seinen Hirten aufgemacht, um einen entlaufenen Stier im Gebirge zu suchen. Nach Stunden entdeckten sie ihn endlich am Eingang einer mit dichtem Gestrüpp umwucherten Höhle, über der ein heller Lichtschein erschien und wieder verschwand. Aus Zorn, das Tier im Dickicht nicht erreichen zu können, schoß der Besitzer einen Pfeil auf den weißen Stier ab. Doch von einer unsichtbaren Hand gelenkt, kehrte das Geschoß um und traf ein Auge des Schützen. Verstört liefen die Hirten in ihre Heimatstadt und erzählten den Vorfall ihrem Bischof. Dieser rief ein allgemeines Fasten aus, und nach langem Gebet erschien ihm Michael, der verkündete, es werde Heil bringen, wenn man ihn an dieser Stelle verehre.

Berühmt ist auch die Michaelserscheinung, die Papst Gregor dem Großen zuteil geworden sein soll. In der Pestzeit des Jahres 590 sah er während einer Bußprozession, wie der Erzengel Michael über dem Mausoleum Kaiser Hadrians sein Schwert senkte, als Zeichen für das Ende des Strafgerichts. Sein Nachfolger, Papst Bonifatius IV., ließ zur Erinnerung an dieses Geschehnis eine Michaelskapelle in das antike Gebäude einbauen, das „Engelsburg" genannt wurde. Seit 1527 trägt es die jedem Romreisenden bekannte Statue des Michael, der schwungvoll sein Schwert in die Scheide zurücksteckt.

Ähnlich bekannt ist das Heiligtum auf dem Mont Saint-Michel an der normannischen Küste, das auf die Zeit um 700 zurückgeht. Der Berg trug anfangs den latinisierten keltischen Namen Mons Tumbae (Grabesberg), da nach dem Volksglauben die Toten auf unsichtbaren Schiffen vom Festland hierher gebracht würden. Es liegt deshalb nahe, daß bei der Entstehung des Heiligtums die Rolle Michaels als *psychopompos* (Seelengeleiter) eine Rolle gespielt hat. Hier wird besonders deutlich, daß heilige Orte oft durch die Verbindung mit Engelerscheinungen für christliche Zwecke umgewidmet wurden, wie dies schon im Alten Testament bei Mamre oder Bet-El geschehen war.

Heilige und Mystiker

Neben *Meister Eckart* (um 1260–1328), *Heinrich Seuse* (um 1295–1366) und *Johannes Tauler* (um 1300–1361), in deren Schriften besonders häufig von der Rolle der Engel im geistlichen Leben die Rede ist, waren es im Mittelalter auffallend viele Frauen, welche die Welt der Engel eindringlich schilderten. Das gilt unter vielen anderen für die neuerdings durch eine Fülle von Neuveröffentlichungen bekannt gewordene *Hildegard von Bingen* (1098–1179), gleich bedeutend als Naturwissenschaftlerin, Seelsorgerin und Mystikerin. Sie zählte bei der Einteilung der neun Engelchöre im Text ihres ‚Liber Scivias‘ wie Papst Gregor zwei äußere, fünf innere und zwei innerste Ringe auf, während die wohl erst nach ihrem Tod entstandenen Miniaturen die Dreiereinteilung des Areopagiten übernommen haben. Auch ihre Zeitgenossin *Herrad von Landsberg*, von 1167–1195 Äbtissin auf dem Odilienberg im Elsaß, räumte in ihrem ‚Hortus deliciarum‘, einem Belehrungsbuch für ihre Nonnen mit wertvollen Miniaturen, den Engeln viel Raum ein. Ähnliches gilt für *Mechthild von Hackeborn* (1241–1299) und *Gertrude von Helfta*, genannt „die Große" (1256–1302).

Von unterschiedlichen Heiligen, Männern wie Frauen, wird berichtet, daß ihnen Engel erschienen seien. Unter den vielen Beispielen sei wiederum nur auf *Franz von Assisi* oder eine *Angela von Foligno* (um 1249–1309) verwiesen, die ihre Offenbarungen häufig von einem Engel erhielt. Auch *Theresa von Avila* (1515–1582) machte drei Jahrhunderte nach Franziskus eine ähnliche Erfahrung. Ihr Bericht, der seinen anschaulichen Niederschlag in der Marmorstatue Gianlorenzo Berninis von S. Maria della Vittoria in Rom gefunden hat, lautet: „Hier aber

Abb. 4: Das klassische Bild zweier tetramorpher Cherubim
in byzantinischer Manier (hier irrtümlich als Seraphim bezeichnet),
in: Herrad von Landsberg: Hortus deliciarum, 12. Jahrhundert

wollte der Herr, daß ich den Engel in leiblicher Gestalt sehen
sollte. Er war nicht groß, eher klein, aber sehr schön. Sein Ant-
litz war so entflammt, daß er mir als einer der erhabensten Engel vorkam, die ganz in Flammen zu stehen scheinen. Es müssen dies jene sein, die man Cherubim nennt. Sie sagen mir zwar
ihre Namen nicht, aber ich sehe gut, daß im Himmel zwischen
den einen und anderen Engeln ein unaussprechlicher Unterschied ist. In den Händen des mir erschienenen Engels sah ich
einen langen goldenen Pfeil; an der Spitze seines Eisens schien
mir Feuer zu sein; es kam mir vor, als durchbohrte er mit dem
Pfeil einige Male mein Herz bis ins Innerste, und wenn er den
Pfeil wieder herauszog, war mir, als zöge er den innersten Teil
meines Herzens mit heraus. Als er mich dann verließ, war ich

ganz entzündet von feuriger Gottesliebe. Der Schmerz war so scharf, daß er mich zu vielen Seufzern trieb, und so groß war die Süßigkeit dieser Qual, daß ich niemals wünschen kann, sie zu verlieren, noch daß meine Seele mit weniger als Gott zufrieden sei. Es ist kein körperlicher Schmerz, sondern ein geistiger, obwohl der Körper Anteil daran hat, großen Anteil. Der Liebesverkehr, der seither zwischen meiner Seele und Gott stattfindet, ist so beglückend, daß ich den gütigen Herrn anflehe, er wolle ihn dem zu kosten geben, der etwa meint, ich würde hier lügen" (Abb. 8).

Das Brot der Engel

Nicht selten wird in den mittelalterlichen Legenden erzählt, daß einer Heiligen von einem Engel die Eucharistie gebracht wurde, etwa dann, wenn ihr die Kommunion von einer geistlichen oder weltlichen Autorität verweigert worden war. Es war die Zeit der erwachenden eucharistischen Frömmigkeit (1246 wurde das Fronleichnamsfest zum Gedächtnis des Letzten Abendmahls eingeführt). Nach der Meinung mancher Mystiker werden die Engel durch das „Opfer des Lammes", das heißt Christi, an dem sie in einer Art geistlicher Kommunion teilnehmen, aus Liebe dazu bewogen, ihren kontemplativen Zustand aufzugeben, um das Böse in der Welt zu bekämpfen.

Damals tauchte auch die Bezeichnung der Hostie als das „Brot der Engel" auf. Die etwas komplizierte Erklärung dafür verweist zunächst auf das Ende der Tobiaserzählung (12,19), wo sich der Engel Raphael zu erkennen gibt und nach der im Mittelalter maßgeblichen lateinischen Bibelübersetzung, der Vulgata, sagt: „Man sah mich zwar mit euch essen und trinken, ich aber bediente mich unsichtbarer Speise und eines Trankes, der von Menschen nicht gesehen werden kann." Aus Psalm 78,25, der die Wohltaten Gottes während der Wüstenwanderung der Israeliten aufzählt: „[Gott] ließ Manna regnen auf sie zur Speise und gab ihnen Himmelsbrot. Brot der Starken [d. h. der Engel] aßen sie alle ...", schloß man, daß die Engel sich von Manna nähren. Da sich dann Jesus im Neuen Testament an Stelle des Mannas als das wahre Brot (Joh 6,32 und 48) bezeichnete, wurde das Manna zum Synonym für die eucharistische Speise, das Abendmahl (1 Kor 10,3–4).

Seit Beginn des 13. Jahrhunderts wird immer häufiger auch von jungen Frauen berichtet, die völlig auf irdische Nahrung verzichteten, um nur noch das Brot der Engel, die heilige Hostie, zu kosten. Im Selbstverständnis der Betroffenen war ihr Verhalten jedoch weniger von den Lehren über das Mönchtum als ein engelgleiches Leben inspiriert als vom Drang, sich mit Jesus als Seelenbräutigam durch Teilhabe an seinem Leiden mittels exzessiven Fastens zu identifizieren. Da die vollständige Nahrungsverweigerung, die an das gegenwärtig weitverbreitete Phänomen der Anorexie (Magersucht) erinnert, praktisch nie von Männern berichtet wird, sieht man in ihr heute gerne einen weiblichen Protest gegen die männliche Vorherrschaft, wie sie von Vätern, Ehemännern oder Priestern ausgeübt wurde. Tatsächlich findet sie sich weniger in den Klöstern, da dort das Fasten genauen Vorschriften unterworfen war und wegen der Aufsicht der Oberen und Beichtväter keine allzu radikalen Formen annehmen konnte. Vielmehr waren es Mädchen und Frauen, die sich weder von ihren Familien verheiraten lassen noch auch den Zwängen des klösterlichen Gemeinschaftslebens unterwerfen wollten. Sie blieben statt dessen meist in den Häusern ihrer Familien, wo sie ein abgeschiedenes Leben des Gebetes und der Buße nach eigenen Regeln führen konnten. Ein hervorragendes Beispiel dafür ist *Katharina von Siena* (1347–80), die mit 33 Jahren starb, nachdem sie sich viele Jahre lang nur von der Hostie ernährt hatte, die sie das „Brot der Engel" nannte. Sie wollte mit überwältigender Leidenschaft das werden, was sie „einen irdischen Engel" nannte, und sagte über ihre Seele: „Sie erreicht oft eine solche Einheit mit Gott, daß sie kaum weiß, ob sie im Körper ist oder außer ihm."

4. Die Prägung des Engelbildes durch die christliche Kunst

Noch mehr als von Theologie und Heiligenleben sind die heutigen Vorstellungen von den Engeln bestimmt durch ihre Darstellung in der Kunst des ausgehenden Mittelalters, der Renaissance und des Barock.

Die Ausrüstung mit Flügeln
Die früheste erhaltene Engeldarstellung findet sich vermutlich in einer Malerei der Priscilla-Katakombe aus dem 2. Jahrhundert, die als Verkündigungsszene gedeutet wird. In einem Grab des frühen 4. Jahrhundert an der Via Appia wird eine Verstorbene von einem Engel zum himmlischen Gastmahl geführt, und auf der sog. Reiderschen Tafel (um 400) des Bayerischen Nationalmuseums in München verkündet der Engel den Frauen an Jesu Grab die Auferstehung.

Als Kleidung tragen hier die Engel antike Tracht, eine weiße Tunika und einen mantelartigen Umhang (Pallium) als Obergewand, an den Füßen Sandalen. Sie haben jedoch noch keine Flügel, so daß sie sich von irdischen Männern nicht unterscheiden, sondern nur aus dem Zusammenhang der dargestellten Geschichte zu erkennen sind. Offenbar wollte man damals nicht an die heidnische Siegesgöttin Nike/Victoria oder an die ebenfalls oft geflügelten Darstellungen von Amor und Cupido, die sog. Eroten, erinnern.

Erst seit dem 5. Jahrhundert sind alle Engel mit Flügeln ausgestattet, obwohl diese in der Bibel lediglich bei den Seraphim und Cherubim erwähnt sind. Die Flügel signalisieren Freiheit von Erdenschwere, von Gebundenheit an Raum und Zeit, Schnelligkeit im Verkehr von Ort zu Ort, zwischen Gottheit, Geistersphäre und Menschenwelt. Da der Abstand zwischen Gott und Mensch im Bild des Raumes gedacht wird, kann die unendliche Ferne Gottes nur durch geflügelte Wesen überbrückt werden.

Engel in Byzanz

Im Bereich der Ostkirche wird die Gestalt der Engel mehr und mehr durch Größe und Würde hervorgehoben, und sie erhalten den Nimbus (Heiligenschein) um ihre Häupter als Zeichen ihrer Lichtgestalt. Häufig werden sie in prunkvoller Hoftracht wiedergegeben. Reifste Beispiele dafür finden sich in Ravenna, in den Kirchen S. Apollinare in Classe und S. Vitale, die um die Wende des 5. Jahrhunderts entstanden.

Man folgte hier Dionys dem Areopagiten, der es für angemessen hielt, menschliche Merkmale auf die Engel anzuwenden, da vieles im Menschen auf die Eigenschaften der Engel hinweise. Beispielsweise symbolisierten die Augen die Fähigkeit, auf das göttliche Licht zu schauen, während Arme und Hände Aktivität und Leistung bedeuteten oder ihre Darstellung als Jünglinge die unvermindert dauernde Lebenskraft. Ein ähnlicher Symbolismus könne sich in Kleidung und Ausrüstung ausdrücken. Priesterliche Gewänder deuteten auf die Fähigkeit hin, andere geistlich zum Göttlichen zu führen, während das Szepter Souveränität und fürstliche Macht anzeige und die Speere auf ungewöhnliche Geschicklichkeit und durchschlagende Kraft verwiesen. In der Folge hat sich dann ein ganzes Regelwerk für die Wiedergabe herausgebildet. Die Seraphim haben meist vier feuerrote Flügel, sie tragen ein flammendes Schwert und sind barfüßig, während die Cherubim zwei blaue Flügel haben und beschuht sind. Die Throne bestehen aus feurigen Rädern mit jeweils vier Flügeln, die mit Augen besetzt sind. Die Herrschaften, Mächte und Gewalten sind zweiflügelig, sie tragen lange Alben, goldene Gürtel und grüne Stolen und führen einen goldenen Stab mit sich, der in ein Kreuz ausläuft; Fürstentümer, Erzengel und Engel erscheinen als speertragende Krieger mit zwei Flügeln und goldenen Gürteln.

Die Entfaltung im Westen

Im frühen Mittelalter bleibt das Engelbild südlich der Alpen noch lange der byzantinischen Tradition verpflichtet. Im Norden dagegen werden Gestalten und Gebärden bald dynamischer und ausdrucksstärker, bewahren aber noch lange Zeit die großartigen, klassisch einfachen und herben Züge mit geradezu unheimlich ernsten Augen. Einen Höhepunkt erreicht diese Art der Darstellung in der frühmittelalterlichen Buchmalerei.

Seit dem 13. Jahrhundert ist das Bild der Engel in ständigem Wandel begriffen. Zu den genannten treten noch weitere Attribute hinzu. Die Cherubim halten manchmal offene Bücher als Zeichen der Fülle ihres Wissens. Die Throne halten Waagen als Symbol der göttlichen Gerechtigkeit. Die Herrschaften sind mit königlichen Gewändern bekleidet und halten Szepter, Weltkugeln oder Schwerter in Händen. Die Mächte tragen kirchliche Gewänder und halten in der Hand liturgische Geräte, Lilien oder rote Rosen, welche die Passion Christi symbolisieren. Die Gewalten halten manchmal Stäbe oder Schwerter und sind mit ritterlichen Rüstungen bewehrt. Die Fürstentümer tragen meist fürstliche Gewänder über der Rüstung und führen Krone, Schwert oder Szepter. Die Erzengel werden als Krieger in Rüstung oder als Diakone in Alben dargestellt. Die Engel tragen kirchliche Gewänder und häufig ein Diadem mit Kreuz auf der Stirn, in einigen Fällen auch ein den Körper bedeckendes Federkleid. Sie halten vielerlei Gegenstände in der Hand, wie Kerzen, Buchrollen oder Schilde mit Inschriften, und als Lobsänger Gottes werden sie mit allen erdenklichen Musikinstrumenten ausgestattet. Form, Farbe, Zahl, Anordnung und Stellung der Flügel variieren von majestätischen Schwingen, das Haupt überragend und am Körper hängend wie eine festlich wallende Tunika, bis zu den Stummelflügeln der Putten. Es gibt Flügel wie lodernde Flammen, kreisende Sturmwirbel und glänzende Pfauenfedern, zu denen die Fledermaus-Flughäute und Schuppen- und Stachelflügel der höllischen Geister einen häßlichen Kontrast bilden.

Michael, der Schlachtenengel und Patron der christlichen Krieger, ist stets jung, schön und kraftvoll in jeweils zeitgemäßer Ritterrüstung dargestellt, im Kettenpanzer und mit Speer und Schild. Häufig kämpft er mit einem Drachen, einer Schlange oder einem Dämon. Manchmal trägt er aber als Seelenbegleiter zum Endgericht und als Seelenrichter eine wallende Amtstracht und eine Waage, bei den mittelalterlichen Künstlern gern nach dem jeweils neuesten Stand der Technik. Gabriel ist eine majestätische, oft fast androgyne Gestalt mit reichen Gewändern und einer Krone, eine Lilie in der Hand als Zeichen der Reinheit. Raphael ist dargestellt mit jungen und unschuldigen Gesichtszügen als idealer und zugleich sehr menschlicher Freund, im Reisegewand mit Stab und einem Vorratssack am Gürtel oder über der Schulter. Aus solchen Darstellungen Raphaels, die sich seit dem 16. Jahrhundert immer zahlreicher finden, werden sich im 19. und in den ersten Jahrzehnten des 20. Jahrhunderts die beliebten Farbdrucke entwickeln, die in mannigfaltigen Varianten zeigen, wie die als besonders schutzbedürftig geltenden Kinder auf ihren Wegen von Engeln behütet werden.

Die Vermenschlichung der Engel
Während die Engelhierarchie in der aufblühenden adelig-höfischen Kultur des Mittelalters zum ritterlichen Stand in Beziehung tritt, entwickelten sich wenig später unter dem Einfluß der franziskanischen Mystik gemüthaftere Darstellungen. Die Engel zeigen jetzt auch menschliche Affekte, Freude bei der Geburt Jesu oder Trauer bei seiner Grablegung, wie zuerst auf einem Fresko Cimabues. Nicht selten finden sich jetzt auch androgyne und sogar ausgesprochen weibliche Züge, eine Neuorientierung, die bei Giotto und seinen Zeitgenossen ihren Anfang nimmt. Ihr Ursprung dürfte wohl im Wandel des Marienbildes zu suchen sein. An die Stelle der hieratisch-fernen Gottesgebärerin, der thronenden Theotokos, tritt die menschlich nahe Himmelsbraut und -königin, die folgerichtig mit einem ihr gemäßen Hofstaat umgeben wird. Diese eher weiblichen Engel werden mit viel Schönheit ausgestattet. Sie tragen Blumen in den Händen oder im Haar, und viele musizieren voll Eifer. Der herbe Ernst, der in der Regel die Männerengel auszeichnete, wird abgelöst von paradiesischer Freude. Diese Mädchenengel prägen von nun an im wesentlichen die Engel-ikonographie bis heute.

Abb. 5: Ignaz Günther, Schutzengelgruppe
(Tobias mit dem Engel), 1763, München, Bürgersaalkirche

Im 14. Jahrhundert kamen auch Kinderengel auf. Um die größtmögliche Ähnlichkeit der Engel mit dem rein geistigen Gott zum Ausdruck zu bringen, begann die Altkölner Schule sogar, sie nur in Halbfigur darzustellen, bis dann gegen 1500 oft nur noch der geflügelte Engelkopf übrigblieb. Die Renaissance gab dem Jesuskind als Gespielen die oft ausgelassenen Putten bei, hergeleitet von *putto*, im Italienisch der Toskana Kleinkind. Sie gehen auf die antiken Eroten zurück, die sich als geflügelte Knäblein an römischen Grabmälern finden. Diese waren ursprünglich weltliche Gestalten, zunächst wohl gar nicht als Engel gedacht, wurden aber bald als solche angesehen und mit kleinen Flügeln versehen. In den idyllischen Szenen der Geburt Jesu und seiner Kindheit repräsentieren sie Reinheit und Unschuld. Meist treten sie paarweise oder als Schar auf, um zu tanzen oder zu musizieren. Sie werden manchmal auch „Cheruben" genannt, was angesichts der machtvollen Cherubim der Bibel allerdings nicht recht einleuchtet.

Die Tendenz, Engel als schöne Menschen darzustellen, verstärkt sich noch in der Hochrenaissance des 16. Jahrhunderts, die das antike Schönheitsideal übernahm. Häufig sind jetzt die Engel nur noch anhand ihrer Flügel von mythologischen Gestalten zu unterscheiden. Im Barock, der gerne in Leibherrlichkeit schwelgte, traten selbst bei den erwachsenen Engeln der religiöse Ernst und die hoheitsvolle Haltung zugunsten einer dekorativen oder rein ornamentalen Funktion zurück. Typisch hierfür sind manche Rubensgemälde, die stürmisch bewegte Gliedmaßen in strotzendem Fleisch auf himmlischen Wolkenbetten zur Schau stellen. Andererseits bringt auch diese Zeit eindrucksvolle Engelbilder hervor. Man denke etwa an Rembrandts tiefsinnige Gemälde, Radierungen und Zeichnungen zu den biblischen Erzählungen von Abraham, Tobias und Daniel oder zur Verkündigung an Maria und Jesu Auferstehung. Sogar unter den Engeldarstellungen des Rokoko ein Jahrhundert später, zum Beispiel bei Ignaz Günther, finden sich Meisterwerke, die durch ihre Leichtigkeit und grazile Schönheit nicht ohne hoheitsvolle Würde sind.

Die Darstellung der gefallenen Engel

Teuflische Wesen sind meist an ihrer blau-schwarzen Farbe zu erkennen. Das erste christliche Jahrtausend hat sie allerdings nur selten figürlich vor Augen gestellt. Das früheste Bild findet sich in einer ägyptischen Kirche des 6. Jahrhunderts. Es führt noch kein Monster vor, sondern einen Menschen, der nur durch seine Krallen und ein ironisches Lächeln als gefallener Engel ausgezeichnet ist. Ähnlich zeigt die byzantinische und die von ihr beeinflußte Kunst der folgenden Jahrhunderte Satan und sein Gefolge meist nicht als Ungeheuer, manchmal sogar als „schöne" Verführer.

Im Abendland mehrten sich im 11. und 12. Jahrhundert die Darstellungen dämonischer Wesen in Tier- und Menschengestalt. Doch die monströsen Steinskulpturen an und in den Kirchen der Romanik und beginnenden Gotik blieben trotz ihrer Überfülle ein eher nebensächliches Beiwerk, da die beeindruckenden Darstellungen des triumphierenden Christus und seiner Heiligen und Engel stets dominierten. Die Situation änderte sich erst im 14. Jahrhundert, als eine ganze Literatur detaillierter Schilderungen der Höllenqualen entstand und weite Verbreitung fand, beispielsweise die Geschichte vom irischen Ritter Tundale, der vergiftet drei Tage wie tot dalag, während seine Seele vom einem Engel durch Himmel und Hölle geführt wurde. Diese und viele ähnliche Schriften bewirkten, daß bei der Darstellung des Jüngsten Gerichts und ähnlicher Sujets Hölle und Teufel immer garstiger gezeichnet wurden. Höhepunkte finden sich bei Giotto oder in den Bildtafeln von Matthias Grünewald, vor allem aber bei Hieronymus Bosch.

III. Der Engelglaube im Widerstreit

Erste Risse erhielt das großartige Lehrgebäude der mittelalterlichen Engellehre in der beginnenden Neuzeit durch die Reformatoren. Der entscheidende Angriff auf den Glauben an gute und böse Geistwesen erfolgte jedoch im 18. Jahrhundert,
dem Zeitalter der Aufklärung. Die traditionellen Engelvorstellungen wurden jetzt immer mehr zu einer sprachlichen Kon-
vention und zu einem Bestandteil der Folklore, zwar mit lie-
benswerten Zügen, aber ohne existentiellen Ernst. Trotzdem ist
es angebracht, sich darauf zu besinnen, was die Menschen über
Jahrtausende hin an die Existenz von Engeln glauben ließ.

1. Das Unbehagen der Theologen

Reformation und Gegenreformation
Da die Theologen der Reformation auf die Heilige Schrift als
alleinige Glaubensnorm zurückgehen wollten, lehnten sie alle
philosophischen und theologischen Spekulationen aus nachbiblischer Zeit ab. *Martin Luther* (1483–1546) sah die Engel
zwar weiterhin als Mitwirkende an der ordentlichen Gewalt
Gottes bei der Regierung der Welt und im Leben der einzelnen,
nannte sie sogar seine geistlichen Führer und hielt Michaels-
predigten. Doch den weitverbreiteten Glauben, man könne
durch die Engel leichter Zugang zu Gott erlangen oder Gott
durch ihre Verehrung gnädig stimmen, bekämpfte er ebenso als
Aberglauben wie die Mittlerrolle der Heiligen.

Auch für *Jean Calvin* (1509–1564) konnte es aufgrund der
vielen expliziten Aussagen der Schrift an der Existenz der Engel
keinen Zweifel geben. Er wendet sich deshalb gegen die Meinung, daß die Berichte über Engelerscheinungen nur eine sym-
bolische Ausdrucksweise für göttliche Eingebungen seien, und
hält daran fest, daß die Engel von Gott mit der Aufgabe be-
traut sind, die Menschen zu beschützen und ihnen zu helfen.
Hinsichtlich der Frage, ob jedem Gläubigen ein besonderer
Engel zu seinem Schutz zugeteilt sei, bleibt er jedoch unent-

schieden. Auch ist er sich nicht sicher, ob die Engel im gesamten Bereich der Schöpfung tätig sind. Denn Gott habe ihre Mitwirkung in der Weltregierung nicht nötig, da er alles allein tun könne; ebensowenig brauche Christus für sein Heilswirken Scharen immaterieller Geister als Verstärkung. Wie Luther vertritt Calvin den Standpunkt, daß man außerhalb dessen, was die Heilige Schrift lehre, nichts über die Engel wissen könne. Ausdrücklich verwirft er die Spekulationen des Thomas von Aquin über die Natur der Engel und ihre Aufgaben in der Schöpfung, da es sich dabei um Geheimnisse handle, die dem Menschen erst am Jüngsten Tag offenbart würden. Die Lehre des Areopagiten Dionysios über die Chöre und die Hierarchie der Engel sei zwar nicht ohne Scharfsinn, aber bei genauerer Betrachtung über weite Strecken nur leeres Geschwätz. Calvin kritisiert besonders, daß der Autor den Eindruck erwecke, er habe die Dinge, von denen er rede, mit eigenen Augen gesehen, und übernimmt die Meinung der Humanisten, die mit Hilfe ihrer neuen philologischen Kenntnisse Dionys als Schwindler verspotteten, da er kein Schüler des Apostels Paulus gewesen sein könne.

Was die bösen Geister angeht, unterschieden sich die Ansichten der Reformatoren kaum von denen der Katholiken. Denn, so Luthers Argument, wozu bräuchten wir noch Christus als Retter, wenn es den Teufel und die drohende Verdammnis nicht gäbe? Sein gesamtes Leben sah Luther als einen ständigen Krieg gegen Satan, wie dies in seinen Schriften, besonders auch in den Tischgesprächen, zum Ausdruck kommt. Wo er in seinen Kämpfen gegen Ablaß und Papsttum, aber auch gegen die aufständischen Bauern oder die Schwarmgeister und Wiedertäufer Widerstand spürte, war er sich gewiß, dahinter könne nur der Teufel stehen, der sich dem rechten Evangelium widersetzt. Während er gegen die verschiedensten Formen des Aberglaubens in der Papstkirche wetterte, stellte er sich nie gegen jene geradezu obsessive Teufels- und Dämonenfurcht, die schon im ausgehenden Mittelalter um sich gegriffen hatte.

Offensichtlich waren die Anfänge des modernen Europa von einer Verdüsterung des Lebensgefühls geprägt, deren Ursprung

Abb. 6: Die letzten Posaunen, Kupferstich von Matthäus Merian,
Mitte 17. Jahrhundert

nicht zuletzt in der großen Pestepidemie zu suchen ist, die den
Kontinent um 1350 heimsuchte. Auch wenn die vorausgehenden Jahrhunderte keineswegs frei von Zauberängsten und He-
xenfurcht gewesen waren, so erwuchs daraus erst zu Beginn
der Neuzeit jener kollektive Hexenwahn, der sich zwischen
1500 und 1700 bis zum Paroxysmus steigerte. Er hat den
Glauben an eine jenseitige Geisterwelt so sehr in Mißkredit
gebracht, daß davon schließlich auch der Glaube an die Existenz guter und hilfreicher Geister in Mitleidenschaft gezogen
wurde.

Trotz Luthers und Calvins Vorbehalten gegenüber der traditionellen Lehre lebte die Überzeugung vom Wirken der guten
Engel in der persönlichen Frömmigkeit der Protestanten weiter,
nicht nur unter den englischen und amerikanischen Puritanern
und in den pietistischen Strömungen, sondern auch bei den
deutschen Lutheranern, wovon die Lieder Paul Gerhardts zeugen, die Bach häufig in seine Kompositionen einbaute. Unter

den protestantischen Theologen, die wieder eine Engellehre ausarbeiteten, wären zu nennen noch im 16. Jahrhundert der reformierte Heidelberger Professor *Girolamo Zanchi*, „der größte protestantische Angelologe" [Engelkundiger], oder im folgenden Jahrhundert *Richard Baxter*, der Theologe Cromwells, und der anglikanische Bischof *Joseph Hall*. Auch *John Wesley* (1703–1791), der Gründer der Methodisten, predigte oft über die Engel.

Auf katholischer Seite nahm die Engelverehrung im Zuge der Gegenreformation ab dem 17. Jahrhundert sogar einen großen Aufschwung. Überall gründete man Michaels- und Engelsbruderschaften, die zur Verehrung der Engel anleiteten. Besonders die Schutzengel wurden in der Predigt und in zahllosen Handbüchern, oft mit stark moralisierendem Unterton, als Seelenführer empfohlen, die zu guten Taten inspirieren und den Sünder auf den rechten Weg zurückführen. Das zuerst in Spanien entstandene Schutzengelfest wurde 1608 von Rom allgemeinkirchlich erlaubt und 1670 für den 2. Oktober in der Gesamtkirche eingeführt.

Der Schock der Aufklärung

Den großen Einschnitt brachten im Verlauf des 18. Jahrhunderts die Ideen der Aufklärung, die die überkommenen religiösen Vorstellungen im Namen der Vernunft einer strengen, oft beißenden Kritik unterzogen. Auch die biblischen Berichte über Gottes- und Engelerscheinungen, die noch den Reformatoren als unantastbare göttliche Offenbarung gegolten hatten, wurden in Frage gestellt und in den Bereich des Märchens und der frommen Legende, wenn nicht gar des Priesterbetrugs, verwiesen. Soweit man an Gott als höchstem Wesen festhielt (Deismus), war er allenfalls „der große Uhrmacher", der die Welt geschaffen, sie aber danach ihrer eigengesetzlichen Entwicklung überlassen hatte; Engel als Vermittler kosmischer Energien oder als Boten zur Menschenwelt erschienen damit überflüssig.

Noch weiter ging schon bald die neu entstehende materialistische Philosophie, die schließlich von *Ludwig Feuerbach*

(1804–1872) in seinem Werk ‚Das Wesen des Christentums‘ auf den Punkt gebracht wurde: Gott und Götter wären ebenso wie andere göttliche oder dämonische Geistwesen Phantasiegebilde, ein Produkt innerseelischer Zustände, von Ängsten oder Sehnsüchten, welche die Menschen in eine jenseitige Welt projizierten.

„Metaphysische Fledermäuse“?

Angesichts der Forderung der Aufklärung, alles, was empirisch nicht überprüfbar sei, müsse sich vor der menschlichen Vernunft rechtfertigen, fällt es den christlichen Theologen fortan schwer, die Engel und Dämonen in das neu von Naturwissenschaft und Technik bestimmte Weltbild einzuordnen. Typisch dafür ist das boshafte Wort des heute vergessenen, aber zu seiner Zeit bekannten Kirchenhistorikers *Carl August von Hase* (1800–1890), die Engel seien durch die „Subtilitäten der Scholastik“ zu „metaphysischen Fledermäusen“ geworden; in Wirklichkeit gehörten sie dem Bereich der Dichter und Maler an, die den Himmel sowenig ohne Engel darstellen könnten wie den Frühling ohne Blumen.

Darstellungen der Engellehre finden sich deshalb praktisch nur noch in den großen theologischen Lexika oder in Darstellungen der Dogmengeschichte; geboten werden dabei aber lediglich historische Überblicke über das, was früher von anderen schon gesagt worden war. Die meisten Theologen begnügen sich mit einer Haltung, die Karl Barth einmal „Angelologie [Engellehre] des Achselzuckens“ genannt hat. *Friedrich Schleiermacher* (1768–1834), der wie kaum ein anderer die evangelische Theologie des 19. Jahrhunderts beeinflußt hat, meint in seinem großen Werk ‚Der christliche Glaube‘, die Lehre von den Dämonen sei lediglich eine menschliche Denkweise; die biblischen Schriftsteller hätten sie verwendet, ohne ihre Wahrheit zu garantieren. Der Glaube an die Existenz von guten Engeln vertrage sich zwar mit der Schrift, er sei jedoch bedeutungslos für die grundlegenden Fragen des Christentums.

Einer der protestantischen Theologen, die versuchten, den Aussagen der Heiligen Schrift über die Engel noch einen Sinn abzugewinnen, war *Karl Barth* (1886–1968). Seine ‚Kirchliche Dogmatik' enthält einen relativ langen Abschnitt über die Engel und einen kürzeren über die Teufel. In der Nachfolge der Reformatoren lehnte Barth es einerseits ab, auf die Spekulationen der scholastischen Engellehre näher einzugehen, suchte aber andererseits anhand der biblischen Texte die Bedeutung der Engel genauer zu bestimmen. Was die Dämonen angeht, meinte er, so lasse sich aus der Schrift nur ableiten, daß sie Gegner Christi sind, nicht aber, daß sie früher Engel waren; die biblische Grundlage sei dafür zu dunkel. An eine Neuinterpretation wagte sich von den Protestanten nur *Paul Tillich* (1886–1965), der sich, ob zu Recht oder zu Unrecht kann hier dahingestellt bleiben, auf Thomas von Aquin als Vorläufer seiner eigenen Meinung beruft. Für Tillich sind Engel und Teufel keine eigenständigen Wesen, sondern Strukturen, durch die „das Sein seine Möglichkeiten zum Ausdruck bringt", in den einen seine Macht und Vollkommenheit, in den anderen seine dämonischen Aspekte. Beide Kategorien seien gültige Symbole, in denen die wirklichen Dimensionen des Seins wahrhaft erfahren werden.

Wenig anders verhält sich die katholische Fachtheologie, auch wenn sie die biblischen Aussagen weiterhin mit den Aussagen der Kirchenväter und der Scholastik anreichert. Den letzten ausführlichen Traktat über die Engel hatte der bedeutende Jesuitentheologe *Francisco Suárez* (1548–1619) verfaßt, mit einer gut durchdachten, sozusagen abschließenden Synthese all dessen, was seine scholastischen Vorgänger gesagt hatten. Neuerdings hat *Karl Rahner* (1904–1984), einer der großen Theologen unserer Zeit, am Rande seines umfangreichen Werkes in einem knapp fünfzigseitigen Aufsatz neue Ansätze für eine Engellehre entwickelt. Er geht dabei von verschiedenen Seins- und Ordnungsstufen im Kosmos aus, wobei der Ausdruck „Engel" die oberhalb des Menschen stehenden Einheits- und Strukturprinzipien bezeichne, die notwendig personalen Charakter haben müßten. Der derzeitige katholische Standpunkt ist in Herbert Vorgrimlers Engelbuch wiedergegeben, das zu Recht den Untertitel trägt „Ein altes Thema neu durchdacht".

Die „Entmythologisierung" der Heiligen Schrift

Besondere Schwierigkeiten ergaben sich seit dem Ausgang des 19. Jahrhunderts speziell für die Exegeten. Die Entzifferung der mythologischen Literatur des Alten Orients machte immer deutlicher, in welchem Ausmaß die biblischen Aussagen von der jeweiligen religiösen Umwelt geprägt waren. Man entdeckte, daß selbst die frühen Engelgeschichten der Bibel, in denen nur sehr zurückhaltend und andeutungsweise von der Begegnung mit der göttlichen Wirklichkeit erzählt wird, kein genuines Erzeugnis der biblischen Religion waren, sondern aus kanaanäischen und mesopotamischen Mythen und lokalen Heiligtumslegenden stammten, bevor sie in den israelitischen Monotheismus integriert wurden. Besonders anstößig erschien jedoch die Nähe des Neuen Testaments zur außerbiblischen Literatur des Judentums, deren übermäßiges Interesse an Engeln und Dämonen ganz eindeutig auf persische Einflüsse zurückgeführt werden mußte.

Der Neutestamentler *Rudolf Karl Bultmann* (1884–1976) hat das Problem mit seiner These von der Notwendigkeit einer „Entmythologisierung" der Bibel auf den Punkt gebracht: „Erledigt ist durch die Kenntnis der Kräfte und Gesetze der Natur der Geister- und Dämonenglaube. Die Gestirne gelten uns als Weltkörper, deren Bewegung eine kosmische Gesetzlichkeit regiert; sie sind für uns keine dämonischen Wesen, die den Menschen in ihren Dienst versklaven ... Man kann nicht elektrisches Licht und Radioapparat benutzen, in Krankheitsfällen moderne medizinische und klinische Mittel in Anspruch nehmen und gleichzeitig an die Geister- und Wunderwelt des Neuen Testaments glauben." Bultmann wollte allerdings die mythische Rede nicht einfach eliminieren. Sie könne durchaus etwas aussagen, wenn man sich klarmache, daß es nicht die Absicht der Bibel war, ein bestimmtes Weltbild verbindlich zu setzen. Bei der Bibelauslegung komme es deshalb darauf an, die Wahrheit, die sich im Mythos ausspricht, aus ihrer zeitbedingten Verhüllung herauszuschälen und als eine Botschaft, die sich an die existentielle Glaubenssituation des Menschen wendet, für die jeweilige Zeit neu zu erschließen.

Die Schwierigkeiten, die das moderne Weltbild der spekula-
tiven Theologie bereitet, haben schließlich dazu geführt, daß
die Engel im 20. Jahrhundert als Lehrstoff aus der Theolo-
genausbildung und immer mehr auch aus der kirchlichen Verkündigung verschwunden sind, zuerst bei den Protestanten und
anschließend auch bei den Katholiken. So sind die Engel in den
Dokumenten des Zweiten Vatikanischen Konzils von 1962–
1965 kein Thema mehr. Nur zweimal werden sie in der Dog-
matischen Konstitution über die Kirche erwähnt, und das nur
beiläufig in Zitierungen. Auch im neuen Römischen Weltkate-
chismus von 1992 nehmen sie einen eher bescheidenen Platz
ein. Neben einem knappen und konventionellen Hinweis auf
ihre Existenz, ihre Geistnatur und ihre Zugehörigkeit zu Christus und Kirche wird auf das „Gedenken an gewisse Engel" in
der Liturgie verwiesen, wobei „Michael, Gabriel und Raphael
und die heiligen Schutzengel" wenigstens in einer in Klammern
gesetzten Bemerkung genannt werden.

2. Spiritualistische Gegenströmungen

Die Alchimisten
Der Aufbruch von Kunst und Wissenschaften im Zeitalter der
Renaissance und des Barock war keineswegs geprägt vom Rationalismus, sondern häufig verbunden mit alchimistischen
und astrologischen Spekulationen, in denen Engel und andere
Geistwesen als Manifestationen göttlicher Mächte und Energien eine große Rolle spielten. Gespeist wurden diese Strömungen von wiederentdeckten antiken Schriften (Hermes Trisme-
gistus), in denen sich uralte pythagoreische und ägyptische
Weisheiten mit platonischen und gnostischen Gedankengängen
vermischten, aber auch von der jüdischen Kabbala, die damals
in humanistischen Kreisen auf großes Interesse stieß. Ein extre-
mes Beispiel für diese Tendenzen ist *Agrippa von Nettesheim*
(1486–1535), der in seinem Werk ‚De occulta philosophia sive
de magia' neben durchaus vernünftigen naturwissenschaftlichen Theorien den aus der Kabbala kommenden Gedanken vor-
trägt, daß die Anrufung von Engeln und Dämonen durch die

besondere Kraft ihrer Namen den Menschen zur Herrschaft über die Elemente und die Natur befähigen könne. Goethe hat die Stimmung jener Zeit in der Studierstubenszene zu Eingang seines ‚Faust' eindringlich wachgerufen. Er zeigt dort einen wissensdurstigen Gelehrten, der die Charakterzüge von Erkenntnissuchern wie Paracelsus und Nostradamus mit denen jenes sagenhaften Dr. Faustus, der um höherer Erkenntnisse willen dem Teufel seine Seele verkauft haben soll, in sich vereint.

Seher und Religionsstifter

Überraschenderweise finden sich während des ganzen Zeitraums von der Reformation bis heute nicht nur bei den Katholiken, sondern überraschenderweise auch unter den Protestanten viele Männer und Frauen, die aufgrund ekstatischer Erlebnisse von Einsichten in die jenseitige Welt der guten und bösen Geister berichten. Zu ihnen gehören, um nur einige zu nennen, *Friedrich Christoph Oetinger* (1702–1782) aus dem schwäbischen Pietismus sowie *Heinrich Jung-Stilling* (1740–1817), der durch seine ‚Szenen aus dem Geisterreich' auf die Romantik einwirkte; beide beriefen sich auf visionäre Erfahrungen, die sie in einem halbbewußten Zustand niedergeschrieben haben.

Während die Visionäre, die innerhalb der großen Kirchen verblieben, mehr oder weniger dem traditionellen Engelbild verpflichtet blieben, gab es außerhalb der kirchlichen Orthodoxie eine Reihe von Visionären, die Neues über die Engelwelt vorzutragen wußten. Einer der großen Vertreter dieser Strömung ist *Jakob Böhme* (1575–1624). Von Haus aus ein Schuhmacher, gilt Böhme, obwohl Autodidakt, als großer Mystiker und zugleich als einer der großen deutschen Philosophen. Wegen seiner Auffassung vom Kosmos als einem Spannungsfeld zwischen Gut und Böse und seiner Lehre, daß Gott selbst die Einheit von Licht und Finsternis sei, galt er von den orthodoxen Theologen als gnostisch beeinflußt. Nach seiner Auffassung sind die Engel geformt durch Gottes Wort, durch seine Äußerungen und Gedanken, um ihm beim Regieren der Welt als seine Werkzeuge zu helfen. Es gibt ihrer Unzählige, eingeteilt in drei Bereiche und sieben Herrschaften. Jeder Bereich ist gelenkt von einem Fürsten, nämlich Michael, Luzifer und Uriel. Luzifer ist die schönste aller himmlischen Kreaturen. Die Totalität der himmlischen Kräfte ist am Sternenhimmel repräsentiert. Denn Stern, so sagt er, meint auch Engel. In jedem Engelgeschöpf wirken göttliche Kräfte, die einander ständig anstacheln und, lauschend auf die Musik der Ewigkeit, Impulse auch von außen empfangen und sich zum Gesang erheben. Für Böhme sind die Engel, wie der Mensch, nach Gottes Bild geschaffen und deshalb in ihrem Aussehen Brüder der Menschen, mit Händen, Füßen, Nasen und Mündern, wenn auch ohne Zähne, da sie sich von den paradiesischen Früchten des machtvollen göttlichen Wortes ernähren.

Interessanterweise fanden gerade in der Zeit der Aufklärung irrationale Tendenzen viele Anhänger. Ein Beispiel dafür sind die Veröffentlichungen eines *Emanuel von Swedenborg* (1688–1772) über die Engel, die das gebildete Publikum in ganz Europa diskutierte. Swedenborgs Karriere entsprach zunächst durchaus dem damaligen Zeitgeist. Er machte sich als Wissenschaftler einen Namen, doch 1747 trat er nach einigen visionären Erlebnissen von seinem Amt am Bergwerkskollegium in Stockholm zurück, um der Menschheit die Offenbarungen mitzuteilen, die ihm von Engeln in einer spirituellen Kommunikation zugeraunt und zugesungen wurden. So habe er viel über die Engel erfahren, etwa daß sie alle nichts anderes wären als verklärte, wiederauferstandene Menschen. Dabei bleibe das Geschlecht eines Menschen nach dem Tod erhalten: Ein Mann werde ein männlicher Geist, eine Frau ein weiblicher Geist; und wenn sie einander auf Erden geliebt hätten, blieben Mann und Frau auch nach dem Tod verbunden, wenn auch ohne die Möglichkeit körperlicher Vereinigung, so doch durch die Verschmelzung der Seelen. Sie bestünden aus keiner materiellen Substanz, reflektierten daher nicht die Strahlen der Sonne und seien somit unsichtbar, außer wenn sie vorübergehend einen physischen Körper annähmen oder wenn sich das innere, das spirituelle Auge eines Menschen für ihre Präsenz öffne, wie ihm dies oft selbst widerfahren sei.

Auch im 19. und 20. Jahrhundert gibt es geistige Strömungen, in denen die Engel einen überraschend wichtigen Platz einnehmen. Zu nennen wäre hier der aus dem Sektenmilieu der amerikanischen Pionierzeit kommende *Joseph (Joe) Smith* (1805–1844), Gründer der Mormonen, dessen Propagierung der Polygamie auf Engelspekulationen zurückgeht. Und es war ein Engel namens Moroni, der ihm eine Schrift auf goldenen Platten zeigte, die Smith übersetzte und 1830 als das ‚Buch Mormon' herausgab. Einem anderen Milieu entstammten die medial ungewöhnlich begabte *Helena P. Blavatsky* (geb. von Hahn) und *Henry Steel Olcott*, die sich auf höhere Erleuchtungen durch Geisteroffenbarungen bei spiritistischen Sitzungen beriefen, als sie im Jahr 1875 in New York die „Theosophische Gesellschaft" gründeten. Ihre Theosophie (gr. Weisheit von Gott) ist eine Mischung aus altindischer und buddhistischer Mystik, gnostischen Spekulationen sowie den Lehren Jakob Böhmes und Swedenborgs.

Im deutschen Sprachraum bekannter geworden ist *Rudolf Steiner* (1861–1925), der eine Zeitlang zur Theosophischen Gesellschaft gehörte, bis er sich 1913 von ihr trennte, um seinen eigenen Einsichten zu folgen, die er als „Anthroposophie" (Weisheit vom Menschen) bezeichnete. Schon mit acht Jahren hatte er außersinnliche Wahrnehmungen von anderen Welten und Wesen, die andere Menschen nicht sehen konnten, erzählte jedoch lange niemandem davon. Um seine Weltschau auszubauen, befaßte er sich mit Naturgeschichte, Mathematik, Philosophie, den Künsten, Architektur, Medizin, Pädagogik und Landwirtschaft und edierte und kommentierte die naturwissenschaftlichen Schriften Goethes. Aus seiner Praxis an der Schule der Waldorf-Astoria-Zigarettenfabrik in Stuttgart entwickelte er eine Erziehungsmethode, die heute weltweit an den Waldorfschulen angewandt wird.

Unbekümmert um die rationalistischen Zeitströmungen sprach Steiner in seinem Modell eines spirituellen Universums auch von den Engeln. Es sind nach ihm nichtmaterielle Geistwesen, die für den normalen Menschen unsichtbar, aber für den spirituellen Menschen erkennbar sind. Ihre Rangordnung ist der klassischen, neunstufigen Engelhierarchie sehr ähnlich, da die Seraphim, Cherubim und Throne die höchste Stufe bilden. In der untersten Triade sind besonders wichtig die Archai (Urkräfte), deren Aufgabenbereich die Beziehungen der Gesamtmenschheit zur Erde sind. Sie verändern ihre spirituellen Körper von einem Zeitalter zum anderen und sind eigentlich das, was man „Zeitgeist" nennt. Die Erzengel, „Söhne des Feuers", sind für die Entwicklung der jeweiligen „Seele" der Zivilisationen und Völker ebenso zuständig wie für die Beziehungen zwischen diesen Gesamtseelen und den Individuen. Die einfachen Engel hingegen kümmern sich um die Einzelmenschen. Ihr Einfluß ist in der Kindheit am stärksten. Wenn dann die Gründung einer Familie und die berufliche Karriere im Vordergrund des Denkens stehen, treten sie zurück, um die Entwicklung persönlicher Freiheit und Individualität nicht zu behindern. Danach bemühen sie sich, ihre Schutzbefohlenen wieder zur Ganzheit zu führen, indem sie ihnen helfen, die spirituellen Aspekte des Lebens zu verstehen.

Neben den Geistwesen, welche die Entwicklung des Menschen und der Menschheit fördern, gibt es nach Steiner aber auch ambivalente Kräfte verschiedener Art. Die einen, mit „luziferischem" Charakter, drängen die Menschen zu ungezügelter Selbstverwirklichung im geistigen Bereich, während andere, die Steiner mit dem persischem Ausdruck „ahrimanisch" bezeichnete, die Menschen in einem materialistischen, erdhaften Denken festhalten wollen. Der einzelne braucht beide, muß deren Einfluß aber im Gleichgewicht halten, um seinen spirituellen Egoismus durch den Sinn für die Realitäten des Lebens und der Mitmenschen zu zügeln.

Steiner weiß noch vieles über die Engel zu sagen, etwa über ihren Abfall und ihre Erlösung durch Christus oder über Michael als den Engel unseres Zeitalters. Allerdings ist es für jemanden, der der Anthroposophie fernsteht, nicht leicht, sich in seinen Schriften zurechtzufinden. Dem kann aber das gut lesbare Buch ‚Mensch und Engel' von Hans-Werner Schröder abhelfen.

Die Engel der Esoterik

Auch die neuesten Gerüchte von einer Wiederkehr der Engel können wohl nicht darüber hinwegtäuschen, daß sich das spirituelle Interesse an einer jenseitigen Geisterwelt, soweit es in unserem Land noch existiert, aus den etablierten Kirchen und Konfessionen auf die Lehren der östlichen und westlichen Esoterik verlagert hat.

Eine zeittypische, wenn auch nicht ernstzunehmende Erklärung für die Entstehung der Engelüberlieferungen sind die Spekulationen über geheimnisvolle Flugobjekte aus außerirdischen Zivilisationen, die der unsrigen an Technologie weit voraus seien. Ein *Erich von Däniken* interpretiert die alten Göttermythen als dunkle Erinnerungen an Besucher aus dem All und zieht auch die biblischen Engelgeschichten als Beweisstücke heran. Den „Sündenfall" der Göttersöhne, die sich mit den Menschentöchtern vermischten (Gen 6,1–4), deutet er als gentechnische Kreuzung von Außerirdischen mit Menschen; im seltsamen, bei Ezechiel beschriebenen Gottesgefährt glaubt er ein Raumschiff zu erkennen und in den geflügelten Seraphim des Propheten Jesaja die naive Wiedergabe von Fortbewegungsapparaten außerirdischer Kosmonauten. Die Haltlosigkeit derartiger Parallelen hat der durch seine Forschungen über die altorientalische Bilderwelt bekannte Schweizer Alttestamentler *Othmar Keel* in seinem kleinen Bändchen über Däniken aufgewiesen. Er sieht in der Faszination, die von Ufos und *aliens* ausgeht, den verzweifelten Versuch des modernen Menschen, doch noch auf irgendeine Weise den durch die Wissenschaft erschütterten Kinderglauben zu retten, meint dazu aber, diese Art von Spekulationen werde der geistigen Tiefe der Vorstellungen über göttliche Wesen, die in den alten Mythologien oder in der Bibel zum Ausdruck kommen, in keiner Weise gerecht.

Beachtenswerter erscheint der Versuch des Biologen *Rupert Sheldrake*, eine Brücke zwischen der überlieferten Engellehre und der modernen Naturwissenschaft zu schlagen. Zusammen mit dem Theologen *Matthew Fox* fordert er eine „Resakralisierung" der Erde und des ganzen Alls, da in allen Lebewesen ebenso wie in der scheinbar unbelebten Materie komplexe Aktivitätsstrukturen am Werk seien. Diese seien mit den Engeln gleichzusetzen, die man zu Recht schon im früheren statischen Weltbild als Lenker der Gestirne, der Pflanzen und aller Lebewesen auf der Erde gesehen habe; in Wirklichkeit seien sie sogar viel mehr, so Sheldrake, nämlich „morphogenetische [gestaltbildende] Felder", die Bewußtsein und Gedächtnis haben und in einem schöpferischen Prozeß die Entwicklung des Universums vorantreiben. Er geht damit über Darwins Evolutionshypothese hinaus, die sich auf den Bereich der Biologie beschränkt hatte. Denn für Sheldrake und Fox ist das ganze Universum ebenfalls einem evolutionären Prozeß unterworfen, der von einer Unzahl von Magnetfeldern gesteuert wird, die – wie das menschliche Gehirn – schöpferische Intelligenzen sind.

Zumindest als esoterische Kuriosität sei hier noch das innerkatholisch umstrittene „Engelwerk" erwähnt, durch das die absonderliche Engelverehrung jenes bereits genannten Aldebert, eines Zeitgenossen des hl. Bonifatius, im 20. Jahrhundert eine Neuauflage erlebte. Die Gründerin *Gabriele Bitterlich* (1896–1978), eine Innsbrucker Hausfrau, erfuhr in den letzten dreißig Jahre ihres Daseins in einem nie abreißenden Strom von Offenbarungen, auf 80 000 Manuskriptseiten, alle Details über das Wirken der Engel und Teufel sowohl auf die Menschen als auch auf die sie umgebende und beeinflussende Mineral-, Pflanzen- und Tierwelt. Das ‚Handbuch' des Engelwerkes enthält neben einer grotesken kosmischen Gesamtschau eine Liste von 400 Engel- und 200 Dämonennamen einschließlich genauerer Angaben „zur Person". Hundertschaften von Engeln belegen alle Tage des Jahres – angefangen vom 1. Januar mit einem Engel namens Alphai bis zum 31. Dezember mit dem Engel Edomiel. Über ein Stufensystem von Weihen gelangen die Anhänger des Werkes in den inneren Kreis der Engelwelt: Schutzengelversprechen (Vorstufe zur Prüfung), Schutzengelweihe (Eintritt in das Engelwerk), Engelweihe (mystische Vermählung mit dem eigenen Engel), daneben noch die dreistufige Sühneweihe (allgemeine, besondere, geheime).

An Versprechen himmlischer Privilegien fehlt es nicht: Wer sich der Sühneweihe unterzieht, ist „bei den heiligen Engeln eingetragen in die Reihe der Schutzengel und genießt das Recht der besonderen Fürbitte bei Gott im Maß der Schutzengel".

Die Fortdauer des Glaubens an die Schutzengel

Während in der kirchlichen Lehre von der Rolle der Engel in Kosmos und Geschichte kaum noch die Rede ist, hat sich einzig die Vorstellung von einem persönlichen Schutzengel als bemerkenswert widerstandsfähig erwiesen. Das zeigen im katholischen Milieu beispielsweise die Berichte über die von der Kirche heiliggesprochene Gemma Galgani (1878–1903), einer ekstatischen Visionärin und Stigmatisierten. Von ihr heißt es, daß sie auf vertrautestem Fuße mit ihrem Schutzengel lebte, den sie fast ständig um sich sah und der sie immer wieder lobte oder tadelte. Auch konnte sie die Engel anderer Menschen sehen, ebenso wie Therese Neumann von Konnersreut (1898–1962), ebenfalls eine Stigmatisierte, die dadurch über das innere Leben ihrer Besucher Informationen erhielt. Ähnlich sagt man von Padre Pio (1887–1968), er habe durch die Schutzengel im Beichtstuhl Einblick in die verborgensten Geheimnisse der Ratsuchenden bekommen und dabei sogar Fremdsprachen verstanden. Auch Pius XI. und Johannes XXIII., Päpste von 1922–1939 bzw. 1958–1963, hatten eine große Intimität mit ihrem Engel und waren davon überzeugt, daß sie von ihm sogar in kirchenpolitischen Fragen Hilfe erhielten. Wenn sie den eigenen und den Schutzengel des Kontrahenten vor schwierigen Verhandlungen gebeten hatten, auf der Ebene der Engel ein Übereinkommen auszuarbeiten, sei ein solches dann tatsächlich wider alle Erwartung oft auf der irdischen Ebene zustande gekommen. Johannes XXIII. soll erzählt haben, der Gedanke zur Einberufung des Zweiten Vatikanischen Konzils sei ihm von seinem Schutzengel eingegeben worden.

Die Überzeugung von einem Beistand der Engel im persönlichen Bereich reicht quer durch die Konfessionen und ist auch vielen kirchlich Abständigen nicht fremd. Es gibt heute eine kaum überschaubare Flut von Büchern und Zeitungsberichten mit eindrucksvollen Schilderungen von anscheinend nicht anders erklärbaren Bewahrungen im Straßenverkehr, von Errettung aus lebensbedrohender Not und Krankheit, von Selbstmordkandidaten, die in letzter Minute ihre Absicht aufgeben, oder von Menschen, die vor wichtigen Entscheidungen stehen und eine Erleuchtung über den richtigen Weg erfahren. Selbst praktische Ratgeber fehlen nicht, die in „Lernprogrammen" aufzeigen, wie man seinen Engel rufen und mit ihm zusammenarbeiten kann.

3. Die Engel in der neueren Literatur und Kunst

Eine gesonderte Betrachtung verdient in der Neuzeit die Entwicklung des Engelbildes im literarischen und künstlerischen Bereich, der zunächst keinerlei Berührungsängste gegenüber der Theologie und der religiösen Tradition zeigte, sich aber dann immer mehr verselbständigte.

Das barocke Welttheater

In kaum einer Epoche spielen die Engel in Dichtung und Drama eine so große Rolle wie im Barock. In vielen Gedichten werden sie gepriesen, sei es in ihren kosmischen Funktionen, sei es als Schutzengel. Bekannt sind noch heute die Dichtungen des vom Protestantismus zur katholischen Kirche übergetretenen Johannes Scheffler (1624–1677), der sich nach seiner Herkunft *Angelus Silesius*, d. h. „Schlesischer Bote/Engel", nannte. Er war beeinflußt von den Lehren des Dionysios Areopagita über die mystische Einswerdung des Menschen mit Gott. Seine Sinnsprüche, deren erstes Buch er nach eigenem Zeugnis in einer Art Ekstase verfaßte, tragen den bezeichnenden Titel ,Cherubinischer Wandersmann': „Wer hier auf niemand sieht, als nur auf Gott allein, / Wird dort ein Cherubin bei seinem Throne sein."

Bei anderen Autoren sind biblische Reminiszenzen nach dem Geschmack der Zeit häufig vermischt mit gelehrten Anspielungen auf die platonische Philosophie und auf die antike Götterwelt. Ähnliches gilt für das damals blühende Jesuitendrama. Es präsentiert Geschichten, in denen sich die Menschen, beschützt von Engeln und verführt von Teufeln, zu bewähren haben. Häufig greift Gott als Lenker der Welt direkt in die Handlung ein, durch überraschende Wunder und durch das Auftreten von Engeln oder allegorischen Gestalten. Nicht gespart wird dabei mit szenischen Tricks: Aus einer Versenkung der Bühne tauchen die Teufel auf, und mit Hilfe von Maschinerien schweben die Engel vom Himmel herab und zum Himmel zurück.

Die Faszination Satans

Typisch für die Mentalität jener Zeit ist auch das wachsende Interesse an einer psychologisierenden Charakterdeutung Satans. Das gilt für viele Stücke des Barocktheaters, besonders aber für *John Milton* (1608–1674), einen der größten Dichter englischer Sprache. In seinem berühmten Versepos ‚Das verlorene Paradies‘, das Luzifers Rebellion und den Sündenfall im Paradies beschreibt, ist der eigentliche, wenn auch negative Held der durch seinen Hochmut gestürzte Satan. Von diesem Werk ging eine ungeheure, kaum zu überschätzende Wirkung aus, sowohl auf die Zeitgenossen als auch auf die nachfolgenden Generationen.

Ein Beispiel dafür in Deutschland ist *Friedrich Gottlieb Klopstock* (1724–1803). Er kennt allerdings in seinem ‚Messias‘, im Gegensatz zu Milton, keinen absoluten Gegensatz zwischen Gut und Böse. Vielmehr sind für ihn die Teufel im Grunde ohnmächtige und Erlösung ersehnende Wesen. Die Erlösung des reuigen Teufels Abbadona, vom Lesepublikum enthusiastisch begrüßt, gab Anlaß zu scharfen Kontroversen mit der herrschenden Orthodoxie. *Goethe* geht in seinem ‚Faust‘ ähnliche Wege, wenn er Mephisto als Werkzeug des menschlichen Fortschritts zeichnet: „Ein Teil von jener Kraft, die stets das Böse will und stets das Gute schafft“, oder wenn er Gott im Prolog sagen läßt: „Des Menschen Tätigkeit kann allzu leicht erschlaffen, / Er liebt sich bald die unbedingte Ruh; / Drum geb ich gern ihm den Gesellen zu, / Der reizt und wirkt und muß als Teufel schaffen.“ Der Faustprolog greift deshalb aus gutem Grund den Anfang des Hiobbuches auf, da dort Satan zum Hofstaat Gottes gehört und noch nicht als absolutes Negativum gesehen wird.

Während Satan für Milton die Verkörperung des gottlosen Chaos und der Unfreiheit war, wurde er für einige englische Dichter sogar zum eigentlichen Helden. „Milton war, ohne es zu wissen, ein Parteigänger des Teufels", meinte *William Blake* (1757–1827) in ‚The Marriage of Heaven and Hell', in der er Satan als edlen Rebellen interpretierte, der die starre Ordnung Gottes zerschlagen will, um allen Geschöpfen Licht und Erlösung zu bringen. Man sprach bald von „Satanismus" als einer literarischen Richtung bei Autoren wie *Byron, Keats* und *Shelley*, die in der Verklärung des Düsteren, Krankhaften, sogar Grausamen schwelgen. Sie glaubten wahrscheinlich nicht an einen real existierenden Satan, wollten aber unter diesem Topos die menschlichen Sehnsüchte nach selbstherrlicher Autonomie und uneingeschränkter Daseinslust verherrlichen, die von der herrschenden Lehre der Kirchen „verteufelt" würden. Ein Nachklang dieser Einstellung findet sich bei *Charles Baudelaire* in seinen ‚Satanslitaneien'. Auch die „Gothic Novel", eine Bezeichnung für die gegen Ende des 18. Jahrhunderts in England aufkommenden Schauerromane mit ihren unheimlichen Landschaften und Ruinen und ihren Teufeln, Gespenstern und Vampiren, liegt ebenso auf dieser Linie wie einige der phantastischen Geschichten von *E. T. A. Hoffmann*.

Die Rückkehr der Engel bei den Romantikern

Es überrascht nicht, daß die bildenden Künstler und Dichter der Romantik für die Welt der Engel aufgeschlossen waren. Gegen die sich ausbreitende Geisteshaltung der Aufklärung propagierten sie eine antirationalistische, gefühlsunmittelbare Begegnung mit einer Wirklichkeit hinter der sichtbaren Welt. Sie kamen dabei in ihren Werken immer wieder auf die Gestalt des Engels zurück und versuchten, in einer neuen Hochschätzung des Mittelalters und seiner ganzheitlichen Religiosität, den Engeln jene hoheitsvolle Würde zurückzugeben, die sie angeblich im Barock und Rokoko verloren hatten.

Typisch dafür waren die sogenannten Nazarener, eine Künstlergruppe, welche die Kunst nach dem Vorbild der altdeutschen Malerei und Raffaels auf religiös-christlicher Grundlage erneuern wollte. Zu ihnen zählte auch *Julius Schnorr von Carolsfeld* (1794–1872). Die Engelszenen seiner illustrierten Monumentalbibel mit 240 Holzschnitten haben das Engelbild ganzer Generationen ebenso geprägt wie die skurrilen Bilderbogen zur Bibel und zu Dantes ‚Inferno‘ des aus einem anderen Umfeld stammenden *Gustave Doré* (1832–1883).

Der Engel als Metapher

Etwas ganz anderes als der Versuch der Romantiker, das traditionelle Engelbild wiederzubeleben, ist jedoch der Gebrauch des Engels als Metapher bei Schriftstellern und Dichtern wie *Rainer Maria Rilke, Nelly Sachs, Franz Kafka, Else Lasker-Schüler, Max Frisch, Friedrich Dürrenmatt, Robert Walser* und anderen, die diese Gestalt als ein Stilmittel verwenden, um die hintergründigen Dimensionen des menschlichen Daseins zum Ausdruck zu bringen. Man darf die Engel in den Gedichten, Theaterstücken oder Romanen dieser Autoren nicht einfach für die christliche Glaubenswelt in Anspruch nehmen. Rilke beispielsweise hat zwar mehrfach biblische Engel zum Thema von Gedichten gemacht. Was den Engel in seinen ‚Duineser Elegien‘ angeht, lehnte er jedoch ein christliches Verständnis dieser Gestalt ausdrücklich ab und betont ihre entscheidende Rolle für seine eigene Weltdeutung: „Es gibt weder ein Diesseits noch Jenseits, sondern die große Einheit, in der die uns übertreffenden Wesen, die ‚Engel‘, zu Hause sind. Wir, diese Hiesigen und Heutigen, sind nicht einen Augenblick in der Zeitwelt befriedigt noch in sie gebunden; wir gehen immerfort über und über zu den Früheren, zu unserer Herkunft und zu denen, die scheinbar nach uns kommen. … Der Engel der Elegien ist dasjenige Wesen, das dafür einsteht, im Unsichtbaren einen höheren Rang der Realität zu erkennen. [Er ist] daher ‚schrecklich' für uns, weil wir, seine Liebenden und Verwandler, doch noch am Sichtbaren hängen." Sosehr sich Rilke vom Engel der christlichen Tradition distanziert haben mag, so hat

er doch einen wichtigen Grundzug vieler biblischer Engelerzählungen getroffen, nämlich jene Erschütterung, die eintritt,
wenn ein Mensch der geheimnisvollen Wirklichkeit gewahr
wird, die hinter seiner Alltagsexistenz liegt.

Ähnliches gilt für die bildende Kunst. Gewiß gibt es auch unter den Künstlern unserer Tage hervorragende Beispiele dafür,
daß das überlieferte Engelbild seine Kraft behalten hat, man
denke nur an *Georges Rouault* oder *HAP Grieshaber*. Doch
kommen bei manchen der modernen Maler und Bildhauer, wie
Ernst Barlach, Marc Chagall, Lovis Corinth, Max Beckmann
oder *Paul Klee*, ähnliche Erfahrungen zum Ausdruck wie bei
den oben genannten Dichtern. Klee, der sich der Mehrdimen-
sionalität der Wirklichkeit sehr bewußt war, schrieb in seiner
‚Schöpferischen Konfession‘: „Kunst gibt nicht das Sichtbare
wieder, sondern macht sichtbar.“ Es ist deshalb sicher bedeut-
sam, wenn von ihm eine ganze Anzahl von Arbeiten zum Thema Engel erhalten sind. Als wäre eine „akademische“ Darstellung des Sujets nicht mehr möglich, sind es nur hingestrichelte
Zeichnungen, fast Karikaturen. Zunächst wird man an griechisch antike Liebesboten erinnert, doch spätere, ganz anders
geartete Bilder tragen seltsame Titel wie „Wachsamer Engel“,
„Vergeßlicher Engel“, „Engel, noch häßlich“, „Armer Engel“,
„Engel übervoll“, „Engel, noch weiblich“, „Engel, noch ta-
stend“, „Todesengel“, „Hoher Wächter“. Unter ihnen am bekanntesten ist wohl der „Angelus Novus“, über dessen Bedeutung viel gerätselt wird. Eine der möglichen Interpretationen
stammt von *Walter Benjamin*, der in ihm den „Engel der Geschichte“ zu erkennen glaubte, der über die Katastrophen hinweg vom Sturm des Fortschritts mitgerissen wird, der sich in
seinen Flügeln verfängt.

Die Kino-Engel
Weniger gedankliche Tiefe bietet das Thema Engel im Film,
dem typischen Medium unserer Zeit, abgesehen vielleicht von
dem hintergründigen Engelauftritt in *Pier Paolo Pasolinis* Film
‚Teorema – Geometrie der Liebe‘ von 1968. Darin kommt
überraschend ein geheimnisvoller junger Mann mit dem be-

zeichnenden Namen „Angelo" in eine großbürgerliche Indu-
striellenfamilie. Augenblicklich weckt und erfüllt er das Lie-
besverlangen bei Vater und Mutter, Sohn, Tochter und Magd.
Als er jedoch so plötzlich verschwindet, wie er gekommen ist,
wissen die Zurückgebliebenen mit ihrer bisherigen Existenz
nichts mehr anzufangen und fallen in verschiedene Formen des
Wahnsinns – eine pessimistische Parabel, die offenbar zeigen
will, daß der moderne Mensch, wenn je das Unendliche in sein
Leben träte, dieser Begegnung nicht standhalten könnte.

Von solchen Ausnahmen abgesehen, erfreuen sich die Kino-
Engel großer Beliebtheit, weil meist ein traditionelles Engelbild
zum Einsatz kommt, welches das breite Publikum anspricht.
Schon im Hollywood der vierziger Jahre hatten Filme wie ‚The
Ghost and Mrs. Muir' (Joseph L. Mankiewicz, 1947) oder ‚A
Guy named Joe' (Victor Fleming, 1943) gute Geister zur Unter-
stützung der Lebenden heraufbeschworen. In seinem Film ‚Der
Himmel über Berlin', zu dem *Peter Handke* das Drehbuch
schrieb, übernimmt *Wim Wenders* (1987) diesen Aspekt, indem er zeigt, daß die Engel in dieser Welt existieren, aber nicht
von dieser Welt sind. Sie blicken auf die Menschen mit Liebe
und Zärtlichkeit, wenn sie das damals noch geteilte Berlin unter all seinen Perspektiven auskundschaften. In der Stadtbiblio-
thek geraten sie in höchste Verwunderung angesichts der vielen
Menschen, die dort nach Erkenntnis suchen, und sie neigen
sich über sie, um sie auf geheimnisvolle Weise zu inspirieren.
Sie schreien auf vor Schmerz, wenn sich ein verzweifelter junger Mann trotz ihrer beruhigenden Worte in den Abgrund
stürzt. Ähnlich ist die Wesensart der himmlischen Geschöpfe
gezeichnet in dem amerikanischen Film ‚Stadt der Engel' von
1998, der in „L. A." spielt, in Los Angeles, jener Stadt, die den
Namen der Engel trägt.

In den letztgenannten Filmen nimmt die Handlung eine unerwartete Wendung. Bei Wenders verliebt sich der Engel Damiel, fasziniert von den Möglichkeiten eines mit einem Körper
verbundenen Geistes, in eine junge Trapezkünstlerin, also in
ein Wesen zwischen Himmel und Erde; in Los Angeles wächst
beim Engel Seth, der die Patienten einer Klinik ins Reich der

Toten geleiten muß, die Zuneigung zu einer jungen Ärztin, die nach einer gescheiterten Operation über die Grenzen ihrer ärztlichen Kunst in Verzweiflung gerät. In beiden Filmen beschließen die Engel, einen menschlichen Leib an- und damit das Los der Sterblichen auf sich zu nehmen. Anders als im Buch Henoch, das die Verbindung der Engel mit den Menschentöchtern als ein bösartiges, gewaltsames und Leid bringendes Geschehen schildert, geben jedoch die Filmengel Damiel und Seth ihre bisherige gute, aber eintönige Existenz nicht allein aus sinnlicher Begierde auf; sie wollen neben den irdischen Freuden und Leiden den weiten Bereich der menschlichen Gefühle entdecken. Dem früheren Streben vieler Christen nach einem engelgleichen Leben wird hier also die Sehnsucht der Engel nach einem menschengleichen Leben entgegengesetzt: Die Engel entsprechen zwar dem traditionellen Bild, finden aber ihre wahre Berufung erst, wenn sie durch die Liebe zu einer Frau ihre Sonderexistenz aufgeben und zu Menschen werden.

4. Zeitgenössische Erklärungshypothesen

Am Ende dieses geschichtlichen Überblicks über Ursprung, Entfaltung und schließlich Kritik der Engelvorstellungen bleibt die Frage, was der heutige Mensch von all diesen Überlieferungen und Spekulationen über Existenz und Eigenart der Engelwelt halten soll. Da sie letztlich auf Bekenntnisse von Menschen zurückgehen, die Erfahrungen mit Engeln gemacht haben, und es in den meisten Fällen keinen Grund gibt, an der subjektiven Wahrhaftigkeit dieser Aussagen zu zweifeln, bleibt noch offen, wie es mit der geistigen Gesundheit der Zeugen steht und ob aus ihrem Zeugnis auf eine „objektive" Existenz der Engel oder wenigstens einer Wirklichkeit, für die sie Symbol sind, geschlossen werden kann.

Seelengeleiter beim Übergang vom Leben zum Tod?
In neuester Zeit haben die Berichte über sogenannte Nah-Tod-Erfahrungen bei Menschen, denen in Momenten tödlicher Gefahr oder schwerer Krankheit gute, manchmal aber auch böse

Geistwesen erschienen, Aufsehen erregt. Während derartige Berichte noch bis vor kurzem kaum beachtet wurden, haben die Fortschritte in der medizinischen Technologie zu größerer Aufmerksamkeit gegenüber diesem Phänomen geführt, da heute häufiger als früher Menschen nach Minuten eines sogenannten klinischen Todes ins Leben zurückgeholt werden können. Über die Erlebnisse solcher Patienten ist viel diskutiert worden, seit in den letzten Jahrzehnten der amerikanische Psychiater *Raymond A. Moody* und die Schweizer Ärztin *Elisabeth Kübler-Ross* ihre Beobachtungen veröffentlichten. Sie berichten von Menschen, denen in todesnahen Situationen Lichtwesen begegneten, die sie an der Schwelle zwischen dem irdischen und dem jenseitigen Leben freundlich empfingen, aber dann wieder ins Leben zurückschickten. Solche Erfahrungen seien von einem unauslöschlichen Glücksgefühl begleitet, das danach oft eine tiefgreifende Änderung in der Lebensführung mit sich bringe. Andererseits gibt es auch Berichte anderer Fachleute über Patienten mit sehr qualvollen Erfahrungen, die an eine „Höllenfahrt" erinnern.

Zwar weist Moody, anders als Kübler-Ross, die Folgerung zurück, in den Nah-Tod-Erfahrungen einen eindeutigen Beweis für die Existenz jenseitiger Geistwesen oder für ein Fortleben nach dem Tode zu sehen, da nicht sicher sei, ob die Patienten, die eben nicht wirklich tot waren, tatsächlich eine Realität jenseits des Todes erreicht hätten. Da aber ihr Grenzerlebnis fast immer eine Änderung in der Lebenseinstellung durch einen Zuwachs an Liebe und an Verantwortungsbewußtsein für das eigene und das Leben anderer nach sich ziehe, ist Moody der Überzeugung, daß es sich um Erfahrungen handelt, wie sie aus der Mystik aller Religionen bekannt sind, Erfahrungen, denen sich die heutigen, gegen alle übersinnlichen Wahrnehmungen verschlossenen Menschen höchstens noch in Lebenskrisen und lebensbedrohlichen Krankheiten öffnen.

Krankhafte Halluzinationen?
Viele Forscher führen die Nah-Tod-Erlebnisse ähnlich wie die wahnhaften Zustände, die durch Drogen und Alkohol oder

durch extreme Formen des Fastens und des freiwilligen oder erzwungenen Schlafentzugs verursacht werden, auf neuro-chemische und hirnphysiologische Prozesse zurück, die Hallu-zinationen hervorrufen, d.h. Täuschungen des Gesichts-, Ge-hör- oder Geruchsinns, die ohne äußere Sinnesreize entstehen, wie dies auch bei der Schizophrenie beobachtet wird. Tatsäch-lich hat eine Reihe von Wissenschaftlern, die mit Drogen ex-perimentierten, „Reisen durch Himmel und Hölle" beschrie-ben, auf denen sie in einem hellen, goldstrahlenden Licht freundlichen Wesen, die wie Engel aussahen, begegneten, oder andererseits, bei einem Horrortrip, in einem grauenvoll dunk-len Raum auf schwarze Punkte trafen, die bedrohlich böse wirkten. Ähnliche Erfahrungen werden auch von den Wir-kungen des Peyotle-Genusses bei den nordamerikanischen Indianern und von den visionären Kontakten der Schamanen mit einer jenseitigen Geisterwelt berichtet, die durch ein kompliziertes Training in psycho-physischen Praktiken, wie Rauschmitteln oder Tanzen, hervorgerufen werden.

Andere Wissenschaftler wenden sich heftig gegen das heute in der Medizin und Psychologie vorherrschende materialisti-sche und mechanistische Weltbild, das solche Erlebnisse nur als krankhafte Halluzinationen zu interpretieren erlaubt. Sie ar-gumentieren, das menschliche Bewußtsein sei mehr als ein blo-ßes Produkt des Zentralnervensystems. Zwar könne die medi-zinische Forschung zwischen den Vorgängen im Bewußtsein und neurophysiologischen Hirnprozessen eindeutige Wechsel-wirkungen aufzeigen. Doch beweise dies allenfalls, daß das Bewußtsein des Menschen nicht ohne solche Prozesse tätig werden kann, aber noch lange nicht, daß alle Bewußtseinszu-stände, in denen Geistwesen auftreten und eine Botschaft ver-mitteln, von vorneherein als symptomatisch für eine Geistes-krankheit anzusehen seien.

Der in Prag geborene, seit 1967 in den USA lebende Bewußt-seinsforscher *Stanislav Grof* berichtet in seinem Buch ‚Geburt, Tod und Transzendenz. Neue Dimensionen in der Psychologie', ähnlich wie Moody und Kübler-Ross, von der heilenden Kraft und der positiven Auswirkung auf die Persönlichkeitsentwick-

lung, die von solchen „mystischen" Erlebnissen ausgehen können. Er beruft sich dabei auf seine Beobachtungen in der Praxis
der Jungschen Analyse, bei den neuen Selbsterfahrungsthera-
pien, in denen das Unbewußte der Teilnehmer provoziert wird,
und sogar im gezielten therapeutischen Umgang mit psyche-
delischen Drogen. Es gehe nicht an, geistige Gesundheit als
Übereinstimmung des Wahrnehmens und Denkens mit dem
mechanistischen Weltbild unserer Tage zu definieren, wie dies
in der traditionellen Psychiatrie allzuhäufig geschehe. Dagegen
spreche auch nicht das Auftreten pathologischer Ausprägun-
gen des Engels- und besonders des Dämonenglaubens; denn
wenn sich bei psychotischen Patienten ekstatische Erlebnisse
finden, die in Form und Ablauf denen der Mystiker ähneln, so
gebe es doch einen wichtigen Unterschied. Das echte mystische
Erlebnis bewirke ein Gefühl des tiefen inneren Friedens, der
Ruhe und der Gelöstheit, verbunden mit großer Demut und
zugleich einem Zuwachs an menschlicher Reife und der Fähigkeit, realistisch mit Menschen und Dingen umzugehen.

Archetypische Urbilder?

Ein beachtenswerter Ansatz zum besseren Verständnis der Berichte über Engelerscheinungen findet sich im Werk von C. G.
Jung (1875–1961). Auch wenn Jung selbst sich über die Engel
immer nur beiläufig geäußert hat, so bietet seine Archetypenlehre doch ein Erklärungsmodell für alle Arten von bildhaften
Erlebnissen im Bereich der Religion.

Noch in der Zeit ihrer Zusammenarbeit waren Sigmund
Freud und C. G. Jung in den Träumen ihrer Patienten immer
wieder auf bizarre Elemente gestoßen, die keinerlei Zusammenhang mit den persönlichen Erlebnissen und Erfahrungen
der Träumenden haben konnten. Freud sah darin vererbte Er-
innerungsreste aus dem Bewußtsein der archaischen Menschheit, die ohne Bedeutung für die psychischen Vorgänge im
Einzelmenschen blieben. Jung hingegen entwickelte aus der
Beobachtung, daß viele inhaltliche Motive, die ihm in den
Phantasien, Träumen oder Wahnideen seiner Patienten begegneten, in den Mythen, Märchen und literarischen Werken der

verschiedensten Völker immer wiederkehrten, seine Theorie von der Verbindung des persönlichen mit einem „kollektiven" Unbewußten. Entscheidend war dabei für Jung die Feststellung, daß diese Inhalte, obwohl sie nur als Symbole und Metaphern auftraten, eine ausgesprochen eindrucksvolle und faszinierende Wirkung entfalteten und deshalb von starken Gefühlen begleitet wurden. Er nannte diese Bildmotive zunächst „Urbilder", führte dann aber den Begriff des im Unbewußten wirkenden „Archetypus" ein, den er von dem auf der bewußten Ebene wahrgenommenen Bild unterschied. Diese Unterscheidung erschien ihm nötig, da sich das kollektive wie auch das individuelle Unbewußte nicht direkt wahrnehmen läßt, sondern erst dann, wenn es sich in Bilder verwandelt hat.

Für Jung haben die modernen Menschen durch die Überbetonung des rationalen Lernens und des wissenschaftlichen Denkens weitgehend die Fähigkeit verloren, mit der Welt der Archetypen in Verbindung zu treten, was allerdings nicht ausschließt, daß die Archetypen immer noch in der Lage sind, tiefe emotionale Kräfte wachzurufen, die sich oft wider alle Vernunft in irrationalen Vorurteilen und überwältigenden Gefühlen äußern. Jung selbst könnte als ein modernes Modell gelten für das, was seherisch begabten Männern und Frauen zustößt. Er berichtet von eigenen Erlebnissen, in denen sein Bewußtsein mit Inhalten überschwemmt wurde, die man früher göttlich und dämonisch genannt hätte. Wie unter einem Zwang habe er niedergeschrieben, was ihm in solchen Momenten eingegeben wurde. Er lernte auch die Gefährdung kennen, die entsteht, wenn die ungezähmten Kräfte der psychischen Unterwelt an die Oberfläche drängen, nicht nur jene archetypischen Mächte, die das menschliche Bewußtsein schöpferisch beeinflussen, sondern auch diejenigen, die einen zerstörerischen Einfluß ausüben, und er war sich bewußt, daß er nur durch die anschließende selbstkritische Reflexion über diese Zustände seine geistige Gesundheit bewahren konnte.

Jung sieht in seinen Erlebnissen ein anschauliches Beispiel dafür, daß ein visionärer Autor die übersteigerte Ausdrucksweise der Archetypen nicht gezielt einsetzt, sondern daß es die

Abb. 7: Gianlorenzo Bernini, Hl. Theresa von Avila, 1645,
S. Maria della Vittoria, Rom

Archetypen selbst sind, die seine Feder führen. In seinen ‚Erinnerungen‘ verweist er auf die „gehobene" Sprache, die sich ihm bei der Niederschrift seiner Visionen aufdrängte und die für die Ausdrucksweise der Archetypen typisch sei: „Sie reden pathetisch und sogar schwülstig ... Der Stil ihrer Sprache ist mir peinlich." Das erklärt wohl auch das dichterische oder religiöse Pathos vieler Berichte über Engelerscheinungen, von den Hymnen Zarathustras und den Texten biblischer Propheten über die mittelalterlichen Mystiker bis zu den Sehern und Dichtern unserer Tage.

Signale der Transzendenz?
Jung schloß die Möglichkeit nicht aus, daß das menschliche Bewußtsein mit einer Wirklichkeit in Verbindung treten kann, die jenseits der Alltagswirklichkeit existiert. Anders als Freud, der die Religion auf verdrängte Sexualtriebe zurückgeführt hatte, nahm er an, daß es im Menschen archetypische Strukturen auch des Religiösen gibt; sie würden sich neben dem Gottesbild in den Bildern verschiedener Geistwesen äußern, die jeweils eine andere geistige Kraft übermitteln. Als moderner Wissenschaftler war er sich darüber im klaren, daß die Frage nach der außermenschlichen Wirklichkeit derartiger Erlebnisse von der Psychologie als einer empirischen Wissenschaft nicht beantwortet werden kann. Zugleich wandte er sich jedoch mehrfach gegen die Einwände von Theologen, die in seiner Archetypenlehre eine rein psychologische Erklärung der Religiosität sahen. Denn religiöse Erlebnisse könnten niemals „rein psychisch" sein, wenn man im Einklang mit der christlichen Theologie unterstelle, daß Gott nicht nur außerhalb des Menschen, sondern gerade auch in dessen Seele gegenwärtig sei. Somit wäre es aus christlicher Sicht durchaus denkbar, daß es eine Beziehung zwischen Gott und den religiösen Archetypen der Seele gibt, die von der Erfahrungsseite her als eine Bilderwelt erlebt wird.

Dagegen spricht nach Jung nicht, daß die Schau von „engelhaften" Geistwesen vornehmlich bei Menschen vorkommt, die von der biblischen Tradition oder vom Islam geprägt sind. Denn die Bilderwelt der Archetypen, wie sie sich in Träumen und in heiligen Texten und Traditionen offenbart, ist stets vom Denken und von den Lehren einer bestimmten Kultur oder Religion beeinflußt und bleibt dem geschichtlichen Wandel unterworfen. Für Jung sind die Engel dafür ein anschauliches Beispiel, da sie zu Ausgang der Antike an die Stelle der heidnischen Götter traten und ihre größte Popularität im Mittelalter erreichten, bevor dann schließlich ihre aktive Kraft in der Psyche des abendländischen Menschen nachließ.

Mit anderen Autoren, wie z. B. dem Soziologen *Peter L. Berger*, lassen sich, wenn man so will, „Spuren der Engel" darin finden, daß selbst der moderne Mensch immer wieder erlebt, wie ihm Einsichten zuteil werden, die weder das oberflächliche Alltagsbewußtsein noch die bloß naturwissenschaftlich-technische Sicht der Wirklichkeit vermitteln und bei denen er deutlich spürt, daß sie nicht aus ihm allein stammen können. Er erfährt plötzliche Eingebungen verschieden starker Intensität, die ihm als Aufforderungen zu oder Warnungen vor einem Tun Alternativen des sittlichen Handelns aufzeigen, oder er findet in Krisensituationen zu Gewißheiten, daß er so und nicht anders handeln soll, was immer die Folgen sein mögen. Auch das „Schutzengel-Erlebnis", eine Rettung aus Todesnot gegen alle Wahrscheinlichkeit, kann hier genannt werden. Bei ihm steht die beglückende Gewißheit im Vordergrund, daß das Dasein ein Geschenk ist, wobei für jemanden, der eine solche Erfahrung macht, das Wissen um die Möglichkeit einer auch „natürlichen" Erklärbarkeit des Geschehens ebenso belanglos ist wie das Wissen darum, daß ständig so viele Unfälle passieren, ohne daß ein Engel eingreift. Und selbst die alte Lehre von einem Wirken der Engel im Kosmos, wie sie in der Vorstellung von einer Sphärenharmonie zum Ausdruck kam, kann sich auch heute noch in inneren Erlebnissen niederschlagen, wenn Menschen, in verschiedenen Graden der Intensität, durch das Schöne – oder das Erschreckende – über ihre Alltagswirklichkeit hinausgehoben werden und ahnen, daß die Natur nicht ein bloßer Mechanismus aus Elementen und physischen Energien

Abb. 8: Robert Rühle, Archaischer Engel,
Materialcollage, 1993

ist, sondern auch eine Manifestation von Schönheit in Farben,
Tönen oder Düften.

Bei derartigen inneren Erfahrungen kommt es nicht so sehr
darauf an, ob sie sich in einem Traum, in einer Ekstase oder
nur in einer tiefen Einsicht ohne besondere psychische Begleit-
erscheinungen äußern. Für die Echtheit eines Erlebnisses
spricht weniger sein spektakuläres Erscheinungsbild als vielmehr, ob es die Weltsicht und die Lebensführung eines Menschen so verändert, daß dieser eine einschneidende Neuorientierung erfährt, die für ihn selbst und für andere fruchtbar
wird. Bei vielen Berichten der Bibel oder der Heiligenlegende
über Engelerscheinungen wissen wir zudem nicht, ob die jeweiligen Erzähler in jedem Fall beabsichtigten, auf eigentliche
Visionen (Seherlebnisse) und Auditionen (Hörerlebnisse) anzu-

spielen. Sehr oft mögen sie nur eine literarische Redeweise benutzt haben, um zum Ausdruck zu bringen, daß jemand eine innere Aufforderung zum Handeln oder eine tröstende Stärkung erlebte, die nicht mehr hinterfragt werden konnte und deshalb als von Gott kommend empfunden wurde.

Was bleibt übrig vom biblischen Engel?
Die Vorstellung vom Wirken der Engel wäre somit eine andere Ausdrucksweise für das, was in den monotheistischen Religionen mit der heute kaum noch verstandenen Redeweise von einem „persönlichen" Gott oder – in einer biblischeren Sprache – einem „lebendigen Gott" gemeint ist. Er ist ein Gott, der sich den Menschen in Natur und Geschichte mitteilt, und nicht bloß ein unbewegter Beweger oder der „große Uhrmacher", der das Universum in Gang gesetzt hat und sich dann nicht mehr darum kümmert. In diesem Sinne meint ein zeitgenössischer evangelischer Exeget, *Claus Westermann*, in seinem Büchlein ‚Gottes Engel haben keine Flügel': „Die Engel als mythische Wesen, als halbgöttliche Zwischengestalten mit Flügeln und wallenden Gewändern und idealisierten Gesichtern haben für uns zu existieren aufgehört ... Auf der anderen Seite hat mir das Studium der Bibel ergeben, daß diese Gesandten Gottes aus der Bibel nicht – durch irgendeine exegetische Methode – herausgelöst, nicht eliminiert, nicht vergeistigt, nicht symbolisiert und nicht entmythologisiert werden können, ohne daß ein Wesensbestand der Bibel entfernt wird ..." Und er fährt fort: „ ... die Engel sind in der Sprache der Menschen die Chiffre für die Tatsache, daß sie auf der Erde nicht allein sind, sondern besucht und heimgesucht werden ... Sie sind in die Sprache des modernen Menschen eingegangen und behalten dort ihren Platz unabhängig vom Gottesglauben."
Als Beispiel für ein solches Verständnis von Gottes- oder Engelerscheinungen ließe sich der 1929 geborene und 1968 ermordete Martin Luther King anführen, der bekannteste Führer im gewaltlosen Widerstand der Bürgerrechtsbewegung der amerikanischen Schwarzen in den sechziger Jahren und Friedensnobelpreisträger. Er erzählt, wie er, noch unentschlossen

über die Art seines Engagements, in den ersten Wochen des Busboykotts in Montgomery nachts eine Todesdrohung am Telefon erhielt und danach über einer Tasse Kaffee lange wachgeblieben sei, voll Furcht vor der Bedrohung. „Etwas in mir sagte mir, daß ich meinen Vater jetzt nicht anrufen kann. Er ist in Atlanta, 175 Meilen von hier weg. Du kannst auch nicht deine Mutter anrufen. Du kannst dich nur noch an etwas wenden, an jene Person, von der dir dein Vater so oft gesprochen hat, an diese Kraft, die einen Weg öffnen kann, wo es keinen Ausweg mehr hat. Ich gab mir Rechenschaft darüber, daß für mich der Glaube eine Wirklichkeit wurde, daß ich Gott für mich selbst erkannte. Und ich senkte meinen Kopf über diese Tasse Kaffee – ich werde dies nie vergessen. Und ich betete in dieser Nacht mit lauter Stimme ..." Die Gewißheit, die ihm daraufhin zuteil wurde, beschreibt er dann als das Hören einer inneren Stimme, die zu ihm sagte: „Martin Luther, steh auf für das Recht, steh auf für die Gerechtigkeit, steh auf für die Wahrheit. Und ich werde mit dir sein bis zum Ende der Welt."

Die Bibel, so könnte man spekulieren, hätte im Falle Martin Luther Kings vielleicht berichtet, Gottes Engel sei erschienen und habe gerufen: „Martin, Martin!" und nach der Antwort „Hier bin ich" mit lauter Stimme gesprochen: „Ich habe das Elend meines Volkes gesehen. Martin, ich sende dich: Steh auf und kämpfe für das Recht ..."

Glossar

Äther Nach antiker Vorstellung ein allerfeinster Stoff.

Altes Testament Dieser weitaus größere Teil der Bibel erzählt, beginnend mit der Erschaffung der Welt und den Ursprüngen der Menschheit, die Geschichte des Volkes Israel und enthält außerdem Sammlungen von Liedern und Psalmen, von Weisheitssprüchen, von ethischen oder kultischen Vorschriften, vor allem auch von Prophetenworten. Die endgültige schriftliche Fixierung der meisten alttestamentlichen Texte war das Ergebnis einer langen Entwicklung, die sich über einen Zeitraum von mehr als einem halben Jahrtausend erstreckte. Einige isolierte Passagen dürften auf das 11. Jahrhundert v. Chr. zurückgehen, erste zusammenhängende Werke auf die Zeit während oder nach der Regierung Davids und Salomos (10./9. Jh. v. Chr.). In den darauffolgenden Jahrhunderten kamen neue Überlieferungen hinzu, wobei immer wieder Korrekturen und Ergänzungen in die bereits vorliegenden Texte eingearbeitet wurden. Schließlich wurde das vorliegende Material neu „redigiert", d. h. umgearbeitet, und es entstand jene Textfassung, die wir heute kennen. Diese sogenannte Endredaktion erfolgte um das Jahr 400 v. Chr., von wem und unter welchen Umständen, wissen wir nicht. Jedenfalls blieb der Text von da an praktisch unverändert. Nur wenige Schriften des Alten Testaments stammen aus noch späterer Zeit. Katholische Bibeln enthalten zusätzlich einige Schriften, die man als → deutero-kanonisch bezeichnet, von Juden und Protestanten jedoch nicht als zur eigentlichen Bibel gehörend angesehen werden.

Apokalypse/apokalyptisch Der Ausdruck kommt vom griechischen Wort für „aufdecken/offenbaren" und dient zur Kennzeichnung einer literarischen Gattung von Schriften, die von der kommenden Endzeit handeln. Auch die Geheime Offenbarung des Johannes wird nach ihrem griechischen Titel oft einfach die „Apokalypse" genannt. Ursprünglich nur eine literarische Gattungsbezeichnung, ist die Bezeichnung für diese Offenbarungen heute zu einem Synonym für große Katastrophen geworden, da in ihnen viel von einem völligen Umsturz aller Verhältnisse und von kosmischen Katastrophen, die dem Glück der Endzeit vorangehen werden, die Rede ist.

Apokryphen Mit diesem griechischen Ausdruck, der „verborgene" Bücher meint, werden jene Schriften bezeichnet, die zwar ihrem Inhalt nach zur biblischen Tradition gehören, aber nicht in die Bibel aufgenommen wurden. Es gibt Apokryphen sowohl zum Alten wie zum Neuen Testament. Auch die → deutero-kanonischen Schriften werden manchmal so bezeichnet.

Archetypus In der Antike ein Urbild oder eine Idee. C. G. Jung bezeichnet damit kollektive Menschheitserfahrungen, die im Unbewußten Gestalt angenommen haben.

Bibel Für die Christen besteht sie aus dem → Alten und dem → Neuen Testament. Die Bücher des Alten Testaments sind in den Bibeln der Juden und der Christen nicht in der gleichen Reihenfolge angeordnet.

Deutero-kanonisch Bezeichnung derjenigen → apokryphen Schriften, die von den Katholiken zur Bibel gerechnet werden, z. B. Teile des Buches Daniel oder die Bücher Judit, Tobit und Makkabäer.

Dualismus In Philosophie und Religion die Bezeichnung für die Anschauung, daß zwei ursprüngliche und voneinander nicht ableitbare Prinzipien die Welt begründen und gestalten. Die orthodoxe Tradition bei Juden und Christen kennt zwar die Antithese von Geist und Fleisch und von Gut und Böse, sieht darin aber wegen der Lehre von dem einen Schöpfer und dem einen Herrn der Weltgeschichte keine absoluten Gegensätze.

Emanation Die Lehre von einem anfanglosen und notwendigen Ausströmen der Geistwesen und alles Seienden aus dem göttlichen Ursprung nach dem Bild von der Strahlung der Sonne, im Gegensatz zu ihrer Entstehung als geschaffene Kreaturen durch einen freien Willensakt Gottes.

Esoterisch Aus dem Griechischen: „nach innen gewandt", meint Riten und Erkenntnisse einer eingeweihten Gemeinde, die Außenstehenden unbekannt bleiben.

Eucharistie Von griechisch: „Danksagung". Bezeichnung für die katholische Meßfeier. Evangelisch: „Abendmahl".

Exegese Der Ausdruck, von griechisch „herausführen", bezeichnet die Auslegung einer Schrift, besonders der Bibel.

Gnosis Eine geistesgeschichtlich bedeutsame Strömung der Spätantike, die sich aus Vorstellungen iranischen Ursprungs, astrologischen Spekulationen mesopotamischer Herkunft und platonischer Philosophie entwickelte. Nach ihren Lehren ist der Mensch einst aus der Sphäre des Göttlichen herausgefallen und in die dunkle widergöttliche Materie verstrickt worden. Der Gnostiker hofft, mit Hilfe höherer Erkenntnisse, vermittelt durch eine kosmische Erlösergestalt oder durch universale Engelmächte, den Weg zurück zu seinem Ursprung zu finden.

Hierarchie Griechisch wörtlich: „heilige Herrschaft". Gliederung einer sozialen Organisation in Rangstufen, deren Bedeutung von oben nach unten abnimmt.

Ikonographie Griechisch wörtlich: „Bildbeschreibung". Heute oft für die Deutung der Formen, Farben und Attribute von Kunstwerken gebraucht.

Kanon/kanonisch Das ursprünglich hebräische Wort meint „Maßstab". Es bezeichnet im kirchlichen Gebrauch die Liste der als Offenbarung anerkannten biblischen Schriften.

Liturgie Der offizielle Gottesdienst der Kirche, unterschieden von den Formen privater Frömmigkeit.

Manichäer Eine von der Spätantike bis zum Mittelalter weitverbreitete Religion, der auch Augustinus vor seiner Bekehrung anhing. Nach ihr stehen sich der Herrscher des Lichtreiches und der König der Finsternis als zwei absolut eigenständige Größen gegenüber. Aufgabe des Menschen ist es, sich durch radikale Weltverneinung aus der mit der Finsternis gleichgesetzten Materie zu lösen. Der Stifter diese Religion, Mani, verdankte seine Offenbarungen einer Erscheinung des Engels At-Taum, „Zwilling", im Jahr 228. Er gründete die manichäische Gemeinde nach einer zweiten Erscheinung dieses Engels im April 240.

Metapher Griechisch: „Übertragung". Eine Redewendung, die einen Begriff oder Gegenstand, besonders zur Veranschaulichung geistiger Inhalte, durch ein Bild ersetzt.

Mystik Als Erfahrung der Begegnung mit einer transzendenten bzw. göttlichen Wirklichkeit eine der Grundformen des religiösen Erlebens. Sie findet sich in verschiedener Ausprägung in fast allen Religionen, die teilweise Kriterien entwickelt haben, um echte Mystik von krankhaften psychischen Erlebnissen zu unterscheiden.

Mythos Erzählung, die ein vorwissenschaftliches Wissen über Ursprung, Wesen und Sein der Welt vermitteln will. Mythologie ist die Sammelbezeichnung für mehrere Mythen.

Neues Testament Das Christentum übernahm die heiligen Bücher der Juden als Altes Testament, fügte ihnen aber eine Reihe eigener Schriften hinzu, die man dann das „Neue" Testament nannte. Es berichtet in den vier Evangelien vom Wirken Jesu Christi und in der Apostelgeschichte von der ersten Ausbreitung des Christentums. Ergänzt werden diese Berichte von einer den Aposteln Paulus, Petrus, Johannes, Jakobus und Judas zugeschriebenen Sammlung von Briefen. Am Ende steht ein visionäres Buch über das Ende der Zeiten, die Geheime Offenbarung (Apokalypse) des Johannes.

Auch bei der Entstehung des Neuen Testaments läßt sich eine allmähliche, wenn auch im Vergleich zum Alten Testament natürlich zeitlich viel kürzere Entwicklung feststellen. Am ältesten sind die Briefe des Apostels Paulus. Soweit sie authentisch sind, gehen sie auf die Zeit zwischen 40 und 60 n.Chr. zurück. Die Evangelien, bei denen man ebenfalls literarische Vorstufen vermutet, sind erst danach entstanden, nach einigen Forschern teilweise noch vor dem Jahre 70, nach anderen in den Jahrzehnten danach. Das gilt auch für die anderen Apostel zugeschriebenen Briefe und die Apokalypse.

Neuplatonismus Eine von Plato inspirierte philosophische Richtung der Spätantike, begründet von Plotin (205–270), die eine Synthese des Polytheismus mit dem Gedanken der transzendenten Einheit des Göttlichen anstrebte. Sie gipfelte in Proklos/Proclus (411–485), der Götter und Engel in ein hierarchisches System von neun Rängen brachte, die jeweils wieder in drei Ordnungen aufgeteilt waren. Er dachte sich schon das Göttliche als gestuft, mit dem (unpersönlichen) Einen an der Spitze. Während dieser Bereich für den Menschen unerkennbar bleibt, manifestieren sich die einzelnen Gottheiten in der Welt in der Form von Engeln, um dem Kosmos die Energien des göttlichen Bereichs zuzuführen. Die „Engel" sind als Emanationen der jeweiligen Gottheit gedacht, mit der sie deshalb im Grunde eins sind. Nach Proklos wird jede menschliche Seele bei ihrem Abstieg in diese Welt von einem Engel geleitet, der sie zu erziehen hat, indem er in ihr den Drang nach Erkenntnis des Unsichtbaren erweckt.

Numinosum Vom lutherischen Theologen Rudolf Otto geprägter religionswissenschaftlicher Begriff für das unaussprechliche und geheimnisvolle „ganz Andere", das als Heilig-Göttliches in einer zugleich beglückenden und erschreckenden Wirkung erfahren wird.

Pseudepigraphen Die außerbiblischen Schriften, die im jüdisch-biblischen Bereich in den Jahrhunderten vor und nach der Zeitenwende entstanden, manchmal auch → Apokryphen genannt. Ihre Verfasserschaft wurde fälschlich einer der großen biblischen Gestalten zugeschrieben (gr. *pseudo-* = lügenhaft/falsch und *epigraph* = einen Namen eintragen).

Psychopompos Gottheit oder Geistwesen mit der Aufgabe, die Seelen der Verstorbenen ins Jenseits zu geleiten, vom griechischen *psyche* (Seele) und *pempein* (führen/geleiten).

Scholastik Der Ausdruck, von lat. *schola* für Schule, bezeichnet die im Mittelalter an den Universitäten vorherrschende Theologie und Philosophie. Es gab zwar verschiedene Richtungen und Denkansätze. Sie sind aber alle methodisch durch eine klare Herausarbeitung der Fragestellung, eine Abgrenzung und Unterscheidung der Begriffe, eine streng logische Beweisführung und eine Erörterung der Gründe und Gegengründe sowie der Auffassungen früherer Denker charakterisiert.

Septuaginta Die im dritten vorchristlichen Jahrhundert in Alexandrien entstandene Übersetzung des Alten Testaments ins Griechische wird Septuaginta (lat. siebzig) genannt, weil sie angeblich von 72 jüdischen Gelehrten durchgeführt wurde.

Stigma Das griechische Wort (Plural: Stigmata oder Stigmen) für einen Stich oder das Brandmal zur Kennzeichnung von Vieh oder Sklaven bezeichnet das im christlichen Bereich seit Franz von Assisi nicht seltene Auftreten der Wundmale Jesu bei einem Menschen. In vielen Fällen wurde zweifelsfrei festgestellt, daß diese Stigmatisation nicht auf Betrug durch äußere Einwirkung zurückgeht. Auch nach katholischer Auffassung sind rein natürliche psychische Ursachen, wie Autosuggestion, nicht von vorneherein auszuschließen, so daß man nicht in jedem Einzelfall von einer übernatürlichen Einwirkung sprechen kann.

Transzendenz Der Bereich, der die raumzeitliche, mit den Sinnen erfaßbare Welt übersteigt (transzendiert).

Unbewußtes Bezeichnung für die seelischen Vorgänge (Einfälle, Träume, Triebregungen), die das bewußte Erleben und Verhalten oft beeinflussen und steuern, ohne der unmittelbaren Selbstbeobachtung zugänglich zu sein.

Abkürzungen der zitierten biblischen Bücher

Deutero-kanonische Bücher sind mit einem * versehen.

Apg	Apostelgeschichte
Chr	Chronik
Dan	Daniel
Eph	Epheserbrief
Ex	Exodus (2.Buch Mose)
Ez	Ezechiel
Gen	Genesis (1.Buch Mose)
Hebr	Hebräerbrief
Jer	Jeremia
Jes	Jesaja
Joh	Johannesevangelium
Kol	Kolosserbrief
Kön	Könige
Kor	Korintherbrief
Lk	Lukasevangelium
Makk	Makkabäer*
Mk	Markusevangelium
Mt	Matthäusevangelium
Offb	Offenbarung des Johannes (Apokalypse)
Petr	Petrusbrief
Phil	Philipperbrief
Ps	Psalmen
Ri	Richter
Röm	Römerbrief
Sach	Sacharja
Sam	Samuel
Thess	Thessalonikerbrief
Tob	Tobit*
Weis	Weisheit*

Literatur

Die folgende Auswahl beschränkt sich auf wichtige Nachschlagewerke und neuere Einzeldarstellungen.

Nachschlagewerke

Bibellexikon, hrsg. v. Herbert Haag, 3. Aufl., Zürich u. a. 1982

dtv-Lexikon Antike, 13 Bde., München 1969–1971

Evangelisches Kirchenlexikon, hrsg. v. Erwin Fahlbusch u. a., 5 Bde., Göttingen 1986–1997

Lexikon der christlichen Ikonographie, hrsg. v. Engelbert Kirschbaum u. Wolfgang Braunfels, 8 Bde., Freiburg u.a. 1957–1965

Lexikon der Religionen, hrsg. v. Hans Waldenfels, Freiburg u.a. 1987

Lexikon für Theologie und Kirche, hrsg. v. Josef Höfer u. Karl Rahner, 11 Bde., 2. Aufl., Freiburg u.a. 1957–1965,

–, hrsg. v. Walter Kasper u. a., Bd. 1 ff., 3. Aufl., Freiburg u.a. 1993

Die Religion in Geschichte und Gegenwart: Handwörterbuch für Theologie und Religionswissenschaft, hrsg. v. Kurt Galling, 7 Bde., 3. Aufl., Tübingen 1957–1965

–, hrsg. v. Dieter Betz u. a., Bd. 1 ff., 4. Aufl., Tübingen 1998

Theologische Realenzyklopädie, hrsg. v. Gerhard Krause u. Gerhard Müller, Bd. 1 ff., Berlin/ New York 1977

Siehe darin Stichwörter wie „Engel", „Erzengel", „Theophanie", „Engelsturz", „Dämonen", „Teufel", „Satan" u.a.

Einzeldarstellungen

Friedmar Apel: Himmelssehnsucht. Die Sichtbarkeit der Engel in der romantischen Literatur und Kunst sowie bei Klee, Rilke und Benjamin, Paderborn 1994

Pietro Bandini: Die Rückkehr der Engel, München 1995

Peter L. Berger: Auf den Spuren der Engel. Die moderne Gesellschaft und die Wiederentdeckung der Transzendenz, Frankfurt/M. 1981

Sophie Burnham: Engel. Erfahrungen und Reflexionen, 2. Aufl., Zürich/ Düsseldorf 1992

Massimo Cacciari: L'Angelo Necessario, 4. Aufl., Mailand 1994. Deutsch: Der notwendige Engel, Klagenfurt 1987

Matthew Fox/Rupert Sheldrake: Engel. Die kosmische Intelligenz, München 1998

Anne Fröhlich (Hrsg.): Engel. Texte aus der Weltliteratur. 3. Aufl., Zürich 1992

Malcolm Godwin: Engel. Eine bedrohte Art, 4. Aufl., Frankfurt/M. 1995

Michaela Glöckler: Vom Wirken der Engel im menschlichen Leben, Esslingen 1997

Romano Guardini: Engel. Theologische Betrachtungen, Mainz 1995
– Der Engel in Dantes Göttlicher Komödie (Dante Studien 1), Mainz 1995
– Rainer Maria Rilkes Deutung des Daseins. Eine Interpretation der Duineser Elegien, Mainz 1996

Rex Hauck (Hrsg.): Engel – die unsichtbaren Boten, München 1995

Dieter Heidtmann: Die Engel. Grenzgestalten Gottes, Neukirchen 1999

Othmar Keel: Zurück zu den Sternen. Kritik und Situierung der These Erich von Dänikens, Fribourg 1970

Gottfried Knapp: Engel. Eine himmlische Komödie, München 1995

Heinrich Krauss/Eva Uthemann: Was Bilder erzählen. Die klassischen Geschichten aus Antike und Christentum in der abendländischen Malerei, 4. Aufl., München 1998

Paul Konrad Kurz: Ein großes Flügeldach. Verse mit Engeln mit Graphiken von HAP Grieshaber, Hauzenberg 1993

Klaus E. Müller: Schamanismus. Heiler, Geister, Rituale, München 1997

Erik Peterson: Das Buch von den Engeln. Stellung und Bedeutung der heiligen Engel im Kultus, München 1955. Zuerst Leipzig 1935.

Cathrin Pichler (Hrsg.): Engel Engel. Legenden der Gegenwart (Ausst.-Kat. Rudolfinum Prag), Wien/ New York 1997

Georg Raiml/Rolf Wendeler: Engel. 200 Jahre Volksfrömmigkeit, Augsburg 1994

Alfons Rosenberg: Engel und Dämonen. Gestaltwandel eines Urbildes, 3. Aufl., München 1992

Heinrich Schipperges: Die Welt der Engel bei Hildegard von Bingen (Herder-Spektrum), Freiburg 1995
– Hildegard von Bingen, 3. Aufl., München 1997

Michael Schmaus u. a. (Hrsg.): Handbuch der Dogmengeschichte, Bd. 2, Fasz. 2 b: – Georges Tavard: Die Engel, Freiburg u.a. 1968

Heinrich und Margarethe Schmidt: Die vergessene Bildersprache christlicher Kunst, 5. Aufl., München 1995

Hans-Werner Schröder: Mensch und Engel. Die Wirklichkeit der Hierarchien, 5. Aufl., Stuttgart 1999

Georg Schwaiger (Hrsg.): Teufelsglaube und Hexenprozesse, München 1987

Michel Serres: Die Legende der Engel, Frankfurt/M. 1995

Joy Snell: Der Dienst der Engel, 7. Aufl., Bietigheim 1994

Rudolf Steiner: Vom Wirken der Engel. Und anderer hierarchischer Wesenheiten, hrsg. von Wolf U. Klünker, 2. Aufl., Dornach/Stuttgart 1993

Herbert Vorgrimler: Wiederkehr der Engel? Ein altes Thema neu durchdacht, Kevelaer 1991

Claus Westermann: Gottes Engel brauchen keine Flügel. Was die Bibel von den Engeln erzählt, 7. Aufl., Stuttgart 1997

Namen- und Sachregister

Bildnachweis

Robert Rühle, München 8.
Archiv des Autors 1, 4, 6.
Othmar Keel: Die Welt der altorientalischen Bildsymbolik und das Alte
   Testament, 4. Aufl., Zürich/Neukirchen 1984, Abb. 188, 93 2, 3.
Die übrigen Aufnahmen stammen aus dem Archiv des Verlages.